VIERGE

DIDIER COLIN

VIERGE

Découvrez votre ciel intérieur
et incarnez votre signe astral

FIRST
ÉDITIONS

ISBN : 978-2-412-09516-4
Dépôt légal : mars 2024
Imprimé en France par N.R.I. s.a.s. (2305564)

Directrice éditoriale : Marie-Anne Jost-Kotik
Responsable éditoriale : Aline Sibony
Directrice d'ouvrage : Florence Lécuyer
Éditrice : Anne Foubert
Correction : Mathilde Periat/La Machine à mots
Mise en pages : Fabrice Del Rio Ruiz
Illustrations : Sandrine Fourrier

Éditions First, un département d'Édi8
92, avenue de France
75013 Paris
France
Tél : 01 44 16 09 00
Email : firstinfo@efirst.com
Site Internet : www.editionsfirst.fr

SOMMAIRE

Bienvenue dans votre ***signe natal***, celui que vous croyez si bien ***connaître***, mais que nous allons probablement (re)DÉCOUVRIR ENSEMBLE...

♍

En coloriant la Vierge dans son ***cercle magique***, demandez-vous jusqu'à quel point vous ***incarnez*** votre signe natal. Est-ce ***lui*** qui vous ressemble, ou ***vous*** qui lui ressemblez ?

UNE BRÈVE INITIATION
à l'astrologie

À l'heure de la mondialisation, des échanges commerciaux et des relations humaines virtuelles établies, presque à l'échelon international grâce à Internet, non seulement nous oublions fréquemment ce qui nous rassemble depuis toujours, mais nous finissons par perdre ce qui nous caractérise et nous singularise : notre identité !

Notre identité ne se résume pas à des papiers. Elle constitue avant tout le noyau de notre personnalité que nous façonnons jour après jour, d'une part en nous efforçant d'être nous-même, simplement tout ce que nous sommes afin de nous distinguer de nos semblables, d'autre part en nous identifiant à des signes, à des symboles, à des éléments, à des modèles, à des styles qui nous ressemblent ou en lesquels nous nous reconnaissons.

Parmi la richesse des éléments et des styles que nous possédons en commun, et qui peuvent donc nous aider à façonner notre personnalité, nous trouvons le zodiaque. Instrument universel qui nous permet de déceler les liens subtils qui nous unissent au monde qui nous entoure, le zodiaque partout représenté par les civilisations qui ont précédé la nôtre selon leurs cultures distinctes, nous concerne toujours intimement, tous et toutes autant que nous sommes. Nous trouvons également des images, des peintures, des sculptures, toute une iconographie toujours vivante, témoignant des interprétations et des visions du monde de nos ancêtres. En contemplant ces images universelles, nous pouvons dès lors voir le monde avec leurs yeux et reconnaître celles d'entre elles qui nous « parlent » encore, de nos jours.

Ainsi, à côté de l'universalisme du zodiaque, instrument scientifique avant l'heure, conçu à partir d'une observation attentive et systématique des analogies, des occurrences, des coïncidences, des corrélations et des interactions relevées entre des phénomènes célestes cycliques et des événements terrestres récurrents, il existe aussi l'universalisme des images belles, pieuses ou inspirées : les figures de l'art rupestre, les dessins, les peintures de l'art traditionnel japonais, indien (de l'Inde), amérindien, aztèque, incas, persan, chinois, les papyrus, les stèles et les fresques de l'art de l'Égypte ancienne, les signes et les symboles de l'art celtique, les icônes russes, les enluminures des parchemins et des livres des moines copistes, les vitraux, les mandorles et les triptyques du Moyen Âge, etc.

Dans ce livre, vous trouverez donc tout ce qui vous relie au ciel, à la nature et à vous-même, tout ce qui peut vous aider à mieux comprendre votre personnalité, grâce à l'universalisme du zodiaque. Mais vous trouverez également un certain nombre d'illustrations puisées dans l'imagerie universelle, issue de la créativité de nos ancêtres, qui vous aideront à méditer sur des thèmes et des sujets importants pour vous.

D'où vient le zodiaque ?

Plutôt que nous laisser passivement influencer par les soi-disant prévisions que, par l'intermédiaire des médias et de l'internet, l'on nous distille chaque jour, je vous invite à découvrir l'origine du zodiaque, sa fonction, son utilité et ses limites.

Dans le zodiaque, cet immense miroir imaginaire de nos âmes, de nos psychologies et de nos destinées, suspendu au-dessus de nos têtes, à l'intérieur duquel gravitent et se déplacent les astres que nos ancêtres identifiaient à des dieux, nous pouvons comprendre ce que nous sommes, prendre conscience des atouts dont nous disposons pour vivre, nous épanouir, nous aimer, devenir des êtres humains et conscients.

L'anneau zodiacal

Levez la tête et regardez le ciel. Nulle part vous ne verrez le zodiaque. Il s'agit en effet d'un anneau fictif, nous dirions virtuel aujourd'hui, un cercle imaginaire de 360 degrés, projeté autour de la Terre par nos ancêtres des premières civilisations de l'humanité, et qui leur permettait d'observer la progression et les situations de la Lune, du Soleil et des astres. En suivant le mouvement « apparent » du Soleil autour de la Terre, que les astronomes nomment l'écliptique, ils imaginèrent un anneau mesurant environ 17 degrés de large, entourant la Terre. Cela correspond à l'espacement nécessaire pour observer le déplacement de tous les astres que les adeptes de l'astronomie sacrée de jadis observaient : la Lune et le Soleil d'abord, puis, dans leur sillage, Mercure, Vénus, Mars, Jupiter et Saturne. Ainsi le zodiaque, ou « zone céleste », se place dans une sphère céleste, un pur produit de l'imagination elle aussi, dont tous les repères sont strictement identiques à ceux établis pour mesurer la Terre.

Les 12 signes du ***zodiaque***,
rassemblés comme dans
un ***vitrail***, nous aident
à comprendre l'***aspect religieux*** de l'astrologie,
dans le sens de ce qui nous
RELIE LES UNS AUX
AUTRES, au monde, à la
vie...

♍

En les coloriant, prenez conscience du fait que ces 12 signes ***différents*** font ***partie d'un tout***, dont vous faites ***aussi partie***, bien sûr.

Le degré zéro du zodiaque se trouve à l'intersection des lignes de l'équateur céleste (qui est le prolongement de l'équateur terrestre dans l'espace, situé sur la sphère céleste) et de l'écliptique ou le mouvement apparent du Soleil autour de la Terre (voir encadré). Ce point de rencontre entre l'équateur céleste et l'écliptique se nomme point vernal, du latin *vernus*, printanier, ou point *gamma*. Dans les notations musicales antiques, on utilisait la lettre grecque gamma pour désigner la première note, d'où le mot gamme. D'où probablement le surnom de « clavier symbolique » attribué au zodiaque. Astronomiquement, ce point correspond au passage du Soleil de l'hémisphère sud à l'hémisphère nord. Astrologiquement, il coïncide avec l'entrée du Soleil dans le signe du Bélier, à zéro degré du zodiaque, le 21 mars, le jour de l'équinoxe de printemps.

L'ÉCLIPTIQUE

Si vous suivez le chemin circulaire que suit le soleil dans le ciel terrestre en une journée de 24 heures, alors vous comprendrez que l'écliptique est bien le mouvement apparent du Soleil autour de la Terre. Puisque, en réalité, comme nous le savons tous aujourd'hui, le Soleil ne tourne pas autour de la Terre. Et pourtant, vu de la Terre, et notamment d'un point fixe sur Terre, c'est bien l'impression qu'il donne…

LE ZODIAQUE OU LE CERCLE DES ÂMES

Zodiaque signifie « cercle des animaux », mais probablement et antérieurement, « cercle des êtres vivants ». En effet, le grec *zôidion* « petit animal », ou « petit être », a donné *zôidiakos* « zodiaque ». Ils dérivent tous deux de *zôion* « être vivant » ! Il convient par ailleurs d'évoquer l'étymologie commune que partagent l'âme et l'animal, dans le latin *anima*, pour nous convaincre que nous pouvons voir dans le zodiaque le « cercle des âmes ». Quoi qu'il en soit, il s'agit d'un cercle parfait de 360 degrés, constitué de 12 secteurs égaux de 30 degrés chacun : les 12 demeures ou maisons des 12 signes astrologiques.

LONGITUDE, LATITUDE, ÉQUATEUR ET HÉMISPHÈRE

Ligne fictive ou virtuelle elle aussi, la longitude recouvre la surface de la Terre sur toute sa longueur. Elle compte plus ou moins 180 degrés ou plus ou moins 12 heures à partir du méridien de Greenwich, selon qu'elle se trouve à l'ouest ou à l'est de ce méridien. Tous les fuseaux horaires sont établis à partir des longitudes terrestres. Autre ligne imaginaire qui recouvre la surface de

la Terre, sur toute sa largeur, la latitude compte plus ou moins 90 degrés à partir de l'équateur, selon qu'elle se trouve au nord ou au sud de l'équateur. Ligne fictive et perpendiculaire à l'axe des pôles de la Terre, l'équateur coupe le globe terrestre en deux parties égales : les hémisphères. Ils constituent donc les deux moitiés du globe terrestre ou de la sphère céleste qui l'entoure, séparés en leur centre par la ligne de l'équateur terrestre et céleste. L'hémisphère nord se dit aussi septentrional ou boréal, tandis que l'hémisphère sud se qualifie également de méridional ou d'austral.

La naissance du zodiaque

Pour bien comprendre comment naquit le zodiaque dans leurs esprits ingénieux, il faut s'imprégner de la mentalité de nos ancêtres qui, voici au moins 12 000 ans avant notre présent, passèrent du stade nomade au stade sédentaire, du statut de chasseurs-cueilleurs, à celui de cultivateurs. Ils voyaient encore la nature, le ciel et la Terre tel un grand livre ouvert, dont ils devaient apprendre à interpréter les signes pour assurer leur survie et préserver le bien-être de leurs communautés.

Zodiaque et calendrier

Chaque signe du zodiaque se situe dans l'un des 12 secteurs (signes astrologiques), selon un ordre chronologique établi aussi bien d'après le rythme des saisons que d'après les cycles du Soleil et de la Lune. En effet, les calendriers, ces horloges du monde antique, résultent et reposent sur des observations et des mesures réalisées à partir des cycles soli-lunaires, autrement dit des mouvements apparents, répétitifs et relativement immuables du Soleil et de la Lune autour de la Terre.

De la carte du ciel au thème astral

Le zodiaque est donc une grille, un instrument de mesure créé pour observer, suivre et positionner les phénomènes célestes qui se produisent autour de la Terre. À l'intérieur de l'anneau zodiacal divisé en 12 secteurs rassemblés trois par trois dans chacune des quatre saisons d'une année, nous pouvons fixer un instant unique du ciel toujours en mouvement en positionnant très précisément les planètes et les étoiles à cet instant. Nous établissons ainsi une carte du ciel un peu comme si nous faisions une photographie du ciel à un moment donné, à un instant unique qui ne se reproduira jamais, de notre vivant du moins. Par ailleurs, le zodiaque étant un cercle parfait de 360 degrés qui fait tout le tour de la Terre, nous offre une vision panoramique du ciel. Ce qui signifie que nous tenons compte aussi bien du ciel visible, que nous pouvons observer à l'œil nu ou à l'aide d'un télescope, que de celui qui se trouve de l'autre côté de la Terre au même instant et que, bien sûr, nous ne pouvons pas voir. L'astrologue, en établissant une carte du ciel ou un thème astral à l'aide du zodiaque, se comporte exactement comme s'il avait des yeux derrière la tête !

À quoi sert le zodiaque ?

Comme je viens de vous l'expliquer, le zodiaque n'existe pas. Encore une fois, si vous levez la tête et regardez le ciel à n'importe quelle heure du jour ou de la nuit, vous n'en verrez aucun. Cependant, jadis, à force d'observer le ciel et les mouvements d'horloge des astres, les hommes de l'Antiquité imaginèrent le zodiaque : un anneau disposé entre la Terre et le Soleil, à l'intérieur duquel ils pouvaient observer et suivre les déplacements et la procession des astres, des étoiles et des planètes. D'une certaine manière, le zodiaque les rendait maîtres, non pas du ciel, mais des mouvements qui s'y produisent à tout instant, sans que ceux-ci soient immédiatement visibles ou observables à l'œil nu. À l'aide de l'instrument du zodiaque, ils purent « prévoir » à coup sûr l'arrivée de tel ou tel astre, à tel moment de l'année, dans tel ou tel secteur du ciel et donc, bien sûr, dans tel ou tel secteur du zodiaque, les mouvements célestes adoptant une régularité relativement parfaite et immuable au fil des siècles. Ce qu'un de nos ancêtres observait, mesurait et codifiait alors, à un moment donné, se vérifiait encore un, deux ou trois siècles plus tard. Aujourd'hui, on peut toujours confirmer l'exactitude de certains phénomènes célestes observés pourtant il y a au moins 5 000 ans ! Dès lors, en relevant la simultanéité, d'une part de l'apparition d'un astre dans tel ou tel secteur du ciel et du zodiaque, d'autre part de la manifestation d'un ou plusieurs phénomènes naturels sur Terre ou dans son environnement immédiat, nos ancêtres apprirent à prévoir lesdits phénomènes et à anticiper de façon logique et rationnelle toutes leurs conséquences dans la nature ou sur leur cadre de vie. Ce faisant, ils devinrent peu à peu maîtres des éléments de la nature et ils organisèrent de mieux en mieux leur vie sur Terre, dans tous les domaines. Il s'agissait là d'une démarche scientifique avant la lettre, stimulée par une soif de connaissance, mais poursuivie aussi dans un but utilitaire.

De l'importance de mon signe natal

Au fil du temps et de l'éveil de leur conscience, en approfondissant les analogies qu'ils observaient entre les phénomènes célestes (les mouvements des astres dans le zodiaque) et les événements se produisant sur Terre et dans leurs communautés, les hommes et les femmes qui apprenaient à se civiliser, glanèrent et compilèrent des informations révélant et soulignant de plus en plus les rôles qu'ils jouaient dans le jeu de la vie. Néanmoins, il fallut attendre un temps relativement récent pour qu'ils prennent conscience de leurs marques, de leurs signes distinctifs, de leurs singularités. Si vous voulez comprendre comment ils firent le chemin de la prise de conscience de leur destin et des influences que les astres et les dieux exerçaient sur eux, à celle de leur volonté d'exercer leur libre arbitre et de devenir des individus à part entière, alors commencez par vous identifier pleinement aux qualités révélées par votre signe natal – qualités entendues ici tel tout ce qui vous qualifie. Ensuite, vous pourrez faire le tri entre ce que votre signe natal vous apprend sur vous-même, et ce que vous êtes. Car si nous voulons être ce que nous sommes, tout ce que nous sommes, et non plus les idées que nous nous faisons de nous-même, alors nous devons nous regarder sans mensonge ni tricherie dans le grand miroir du zodiaque. Voilà ce que je vous invite à faire en découvrant les caractéristiques de votre signe natal, qui vous révéleront tout ou presque tout ce qui vous lie et vous relie au monde qui vous entoure.

La Vierge

À LA FIN DE L'ÉTÉ

Désormais, d'après les météorologues scrutant le ciel en se basant sur des modèles informatiques et des données d'ordre astronomique, le 22 ou le 23 août, nous nous trouvons sous le ciel du début de l'automne, et non de la fin de l'été, selon la tradition astrologique. Mais ici, fidèle à cette tradition multimillénaire, nous nous trouvons bien à la fin de l'été zodiacal qui se terminera le 22 ou le 23 septembre, lorsque le soleil entrera dans le signe suivant, la Balance !

En effet, lorsque le soleil entre dans le signe de la Vierge, il décline de plus en plus. Les jours raccourcissent. Depuis que les hommes et les femmes s'adonnent aux travaux des champs, ce moment de l'année correspond à la période où ils et elles engrangent leurs récoltes. La terre reprenant ses droits, ils et elles défrichent, élaguent, sarclent, labourent, du moins le faisaient-ils et elles avant que les machines agricoles et les produits phytosanitaires prennent le relais des travaux des champs. Toutefois, avant que l'agriculture et avec elle la civilisation, apparaissent, la terre, en cette période de l'année, après nous avoir prodigué tous ces fruits, semblait aspirer au repos.

Votre signe OFFRANT DES ANALOGIES avec la ***terre cultivable***, allégée, purifiée, assainie, redevenue vierge et prête à recevoir de ***nouveaux nutriments*** ou de ***nouvelles semences***...

♍

En coloriant cette image, méditez sur ***vos affinités avec la nature*** telle qu'elle se révèle en cette période de l'année.

Elle donnait et donne encore l'apparence d'une certaine sécheresse, ou d'une stérilité provisoire, indispensable avant que la nature n'entre dans un nouveau cycle de fertilité. Elle se virginise en quelque sorte. Ce stade de repliement sur soi de la nature répond à un ordre, à une nécessité vitale. Il accroît les facultés de dépouillement, de discernement, de prévoyance et la recherche de sécurité, toutes caractéristiques en analogie avec le signe de la Vierge.

La Terre, l'élément du signe de la Vierge, désigne bien sûr la matière organique que les êtres humains cultivent depuis des millénaires pour se nourrir. Certes, du fait que nous la foulons en permanence, nous baptiserons notre planète du même nom. Cependant, le signe de la Vierge correspond bien à la terre cultivable rendue à elle-même, allégée, purifiée, assainie, redevenue vierge et prête à recevoir de nouveaux nutriments ou nouvelles semences. Mais avant cela, il lui faut un temps de repos, de calme. Après la récolte et la cueillette, le recueillement en quelque sorte. Il s'agit donc d'un temps propice aux cultivateurs pour engranger, conserver ou vendre leurs récoltes, trier le bon grain de l'ivraie en prévision des prochaines moissons.

Vos couleurs

Toutes les nuances du gris, la couleur de la terre brûlée aux fins de l'assainir, des nuages, des brouillards et des brumes, symbolisant les zones insondables de l'inconscient que les natifs et natives du signe de la Vierge aiment à analyser. Il existe en effet des analogies entre la psychanalyse et le signe de la Vierge. Mais parmi toutes ses nuances, le gris, issu de l'union entre le noir et le blanc, tire tantôt vers l'un, tantôt vers l'autre. Or, pour tout ce qui touche au signe de la Vierge, le blanc domine. Tant et si bien que le gris de votre signe tend vers une clarification, une purification. Il s'agit du gris clair !

Vos métaux

Le mercure

Pour les alchimistes, les chercheurs d'or intérieur, spirituel, transcendant, divin, le mercure correspondait à un état indifférencié de la matière. Comme si ce métal liquide qui est aussi un élément chimique, recelait en son sein toutes les possibilités, toutes les richesses potentielles de la matière. En cela, lui aussi, il correspond bien à la personnalité de la femme native et de l'homme natif du signe de la Vierge, qui détiennent, conservent et préservent en leur sein « toutes les richesses » de leur être, et qui les inclinent à un plus grand discernement, à la précision, et à trouver cette pépite d'or enfouie au fond d'eux-mêmes.

Le platine

Il s'agit d'un métal précieux, de couleur blanc argenté ou gris clair, extrait à l'état pur dans l'Oural, en Afrique du Sud et au Canada. Utilisé couramment par les orfèvres, les horlogers, les bijoutiers et les joailliers (quatre corporations d'artisans en analogie avec le signe de la Vierge, en raison de leurs travaux exigeant une grande patience et une non moins grande précision), et parfois allié au cuivre, à l'or et à l'argent (les alliages de platine), il tiendrait son nom de la pièce soutenant les éléments d'un mouvement d'horlogerie. On disait alors la platine d'une pendule ou d'une montre.

Vos pierres de naissance et de vie

Le jaspe

Le nom de cette jolie pierre opaque, portant de nombreuses taches colorées, à partir duquel dérivera le verbe jasper, signifiant bigarrer un objet, tiendrait son origine fort ancienne de l'akkadien *yaspû* et de l'hébreu *yaspeh*. Estimée telle une véritable panacée dans l'Antiquité, la pierre de jaspe semblait pouvoir protéger de tous les maux et fléaux de la nature, mais aussi des accidents, des blessures en tout genre et des piqûres de serpents, de scorpion ou d'insectes. Sainte Hildegarde de Bingen (1098-1179), bénédictine allemande aux multiples talents, recommandait l'usage du jaspe en ces termes : « *Celui qui sent s'élever des tempêtes d'humeur dans son corps dans un côté ou dans une autre partie du corps, c'est-à-dire une arthrite, qu'il mette un jaspe sur cet endroit et l'y presse jusqu'à ce qu'il devienne chaud, le mal cessera parce que la bonne chaleur et la bonne vertu du jaspe apaisent et guérissent ces humeurs régulièrement froides et faussement chaudes* »[1].

Le silex

La réputation de cette roche siliceuse et sédimentaire, composée de quartz (Balance), de calcédoine, tels l'agate (Mercure) et le jaspe (Mercure et Vierge) et, parfois, d'opale (Lune), repose essentiellement sur sa dureté et son tranchant naturels, dont nos ancêtres préhistoriques usèrent opportunément pour fabriquer des outils et des armes pour la chasse, mais aussi pour produire des étincelles par frottement, et donc du feu. Est-ce en raison de son caractère ancien et, bien sûr, attaché à son élément Terre, que le silex s'estime tel un attribut du signe de la Vierge ? Probablement. Mais aussi, à n'en pas douter, pour son caractère utilitaire, une qualité très prisée par les natifs et les natives du sixième signe du zodiaque, qui aiment rendre service et se savoir utiles.

La tourmaline

Surnommée depuis fort longtemps et à bon escient la « pierre de couleurs » par les Cinghalais, les habitants du Sri Lanka, cette

1 *Œuvres de sainte Hildegarde de Bingen*, cités par Daniel Maurin, *Les Remèdes*, Mame, 1992.

gemme offre en effet une rare variété de couleurs. Une seule et même pierre peut parfois changer de couleurs de façon nette et précise, à plusieurs reprises. Beaucoup plus tard, lorsque, importée des Indes par les navigateurs et marchands hollandais au XVIIIe siècle, elle fit son apparition en Europe, elle obtint un tout autre surnom : « pierre des muses ». Celui-ci probablement dû à l'engouement qu'elle suscita auprès des peintres, des écrivains et des comédiens, qui en firent leur porte-bonheur. Tout nouveau, tout beau ! Et nous voyons plus d'analogies dans ce second surnom avec le signe de la Vierge, propice aux travaux intellectuels et artistiques, ainsi qu'au jeu des acteurs.

Vos correspondances anatomiques

Toute la région abdominale, le duodénum, la rate, le lobe inférieur du foie, les intestins (l'intestin grêle et le gros intestin, l'absorption des aliments par l'intestin grêle et la sécrétion du suc intestinal, le mouvement péristaltique intestinal, le chyle).

Votre géographie sacrée

Le Brésil, la Croatie, l'Irak, le Kurdistan, la Silésie, la Thessalie, la Turquie, la Virginie, Bagdad, Bethléem, Boston, Jérusalem, Los Angeles, Lyon, Paris, Toulouse constituent autant de pays, de régions et de villes qui présentent des analogies avec le signe de la Vierge.

Vos mots-clés

Sens du détail et de la précision, serviabilité, conservation, économie, réserve, discrétion, besoin d'ordre et de méthode, autodiscipline.

Dans l'absolu, le natif ou la native de la Vierge se révèle un disciple, un serviteur ou une servante excellant dans les travaux délicats, exigeant du doigté, de la patience, de la précision et de la perspicacité.

Vous excellez dans LES TRAVAUX DÉLICATS, exigeant du ***doigté***, de la ***patience***, de la ***précision*** et de la ***perspicacité***.

♍

Mais d'où vous viennent de telles qualités ? *Et, surtout, en quoi favorisent-elles* votre développement personnel et spirituel ?

Par ailleurs, son intégrité, son sens de l'économie et des calculs savants, font de la personne native de la Vierge une gestionnaire, une comptable ou une commerçante hors pair. Enfin, la préservation de son bien-être, son esprit d'analyse et l'attention spontanée, parfois soutenue, qu'elle porte à ses propres symptômes peuvent aussi l'orienter vers des professions en rapport avec la médecine et la santé.

Malgré les perturbations climatiques dues aux activités inconséquentes des êtres humains, si nous voulons bien toujours nous inspirer du cycle des saisons, l'entrée du Soleil dans le signe de la Vierge coïncide avec cette période durant laquelle les communautés humaines évaluent leurs récoltes et se préoccupent des meilleurs moyens à mettre en œuvre pour les conserver. Ainsi, par analogie avec ladite période de l'année, la personne native de la Vierge songe aux lendemains et à se sécuriser en faisant des réserves. Tandis que, tout autour d'elle, la terre redevenue vierge présente un aspect quelque peu aride, figé, dépouillé, contrastant avec la plénitude de la nature qui régnait auparavant. De telles caractéristiques confèrent ainsi au natif ou à la native de la Vierge de la prudence, une certaine réserve justement, de la timidité, de la résignation parfois, un sens inné du détail et de l'organisation, un esprit méthodique, critique et autocritique, orienté vers l'analyse, une honnêteté scrupuleuse, des attitudes empreintes de serviabilité, de simplicité, d'humilité. Toutefois, il arrive parfois que de telles qualités inhibent toute expression spontanée des émotions et de la sensibilité, interdisant tout abandon, rendant dès lors la personne native de la Vierge, méticuleuse, maniaque ou dépressive. Selon l'astrologie traditionnelle, le signe de la Vierge apparaît tel le serviteur du zodiaque. Il s'agit donc, pour le natif ou la native de ce signe, d'apprendre à différencier la serviabilité de la servilité.

LES ARCANES
de votre destinée

Deux arcanes majeurs du tarot divinatoire, trouvent des correspondances symboliques avec votre signe du zodiaque, la Vierge. Voici pourquoi et comment...

Le Bateleur

Le signe de la Vierge partage avec celui des Gémeaux, des correspondances assez similaires avec la symbolique et les qualités propres au Bateleur, le premier arcane majeur du tarot divinatoire, à quelques nuances près. Or, quand on sait l'importance que les natifs et les natives de la Vierge accordent aux détails, il va de soi que de telles nuances revêtent une grande importance. Dès lors, si la personne née sous le signe de la Vierge semble disposer elle aussi d'une palette de possibilités qui s'offrent à elle, contrairement au natif ou à la native des Gémeaux, elle y met d'emblée de l'ordre et des limites. *A priori*, elle doute de ses possibilités, là où le natif ou la native des Gémeaux pense naïvement que tout est possible. S'inspirant toujours de la forme du chapeau que porte le personnage figurant sur la carte du Bateleur, évoquant le symbole de l'infini, elle y voit plutôt une représentation de l'indéfini.

À l'instar du ***Bateleur***,
vous avez l'embarras du
choix des INSTRUMENTS
que vous utiliserez pour
vivre et ***être vous-même***.

D'où l'importance ***du tri et de la sélection*** en ce qui vous concerne, afin de conserver ce qui vous ressemble, ce qui ***correspond*** très exactement à votre ***identité***...

I
LE BATELEUR

En conséquence, elle suit à la lettre les conseils énoncés par le soixantième hexagramme du Yi King, La Limitation : « *Des possibilités illimitées ne sont pas ce qui convient à l'homme* (ni à la femme d'ailleurs). *Sa vie ne ferait alors que se fondre dans l'indéfini* »[2].

Plutôt que de se perdre dans l'infini des possibilités, ou de vivre dans des conditions indéfinies, elle s'oriente d'emblée vers une quête d'identité. Parmi tous les instruments posés sur la table ou l'établi du Bateleur, et dont il dispose, le natif ou la native de la Vierge en sélectionnera un. Autrement dit, parmi toutes les possibilités que la vie pourra lui offrir, il ou elle en choisira une et s'y tiendra en s'y consacrant méthodiquement, concrètement, sérieusement. En agissant de la sorte, il ou elle se forgera une identité unique et singulière, afin de se différencier d'autrui, plus que pour se distinguer. Mettant en application l'adage suivant lequel « servir, c'est régner », en rendant service, il ou elle se rendra toujours service à lui-même ou à elle-même.

Ici, l'aspect juvénile du Bateleur évoque la souplesse, voire la malléabilité d'esprit. Toutefois, grâce à son travail consciencieux et à son caractère quelque peu perfectionniste, l'esprit du Bateleur en analogie avec l'homme natif de la Vierge, acquiert de la rigueur. Faisant preuve d'application et de discernement, son humour, parfois d'une grande finesse, devient critique. Il ne juge pas. Il jauge, il évalue, il analyse.

La femme représentée par le Bateleur, témoigne, elle aussi, d'un esprit aigu et pointilleux. Elle sait se faire discrète, rendre service ou jouer un rôle de servante-maîtresse afin de se sécuriser ou d'exercer sa mainmise sur une situation ou sur autrui. Elle n'en conserve pas moins toujours son quant-à-soi, sachant que la conscience et la

2 *Yi King*, Richard Wilhelm, Médicis, Paris, 1973

préservation de son identité d'une part, et sa sécurité matérielle et morale d'autre part, constituent l'essentiel de ses préoccupations.

La Roue de Fortune

Si vous observez attentivement l'image de cet arcane dont les symboles et leurs significations offrent des analogies avec votre signe astral, vous verrez que la roue qui y figure, s'avère en réalité un rouet, pourvu d'une manivelle. Il s'agit donc d'un outil de travail peu employé de nos jours, sauf en Inde et dans certains pays du Maghreb où l'on tisse toujours des tapis et des couvertures à la main. Au Moyen Âge, on utilisait cette machine pour filer le chanvre et le lin. Or, il existe un lien très subtil entre le tissage et le caractère de la personne née sous le signe de la Vierge, révélé par le fait que, plus que toute autre, dans le meilleur des cas, attentive à ses pensées, elle réfléchit, médite, analyse, examine, calcule, remue des idées et, dans le pire des cas, critique, médit, manigance, sasse et ressasse de manière obsessionnelle des idées noires ou des rancœurs. Au point de s'en rendre malade ou de se rendre victime d'aigreurs à l'estomac ou de maux de ventre.

Le plus souvent, nous peinons à prendre conscience qu'il ne suffit pas de traduire nos pensées en actes pour qu'elles exercent des influences sur autrui ou sur les événements et circonstances de notre vie. Du temps de nos ancêtres, durant de longs millénaires, toute communication, tout échange, toute relation passait par la parole et donc par la transmission orale. L'écrit, d'abord gravé sous forme de signes sur des tablettes d'argile, puis transcrit sur du papyrus, des rouleaux de parchemins, et enfin imprimé sur du papier, ne remonte qu'à cinq ou six millénaires avant notre présent, tout au plus. Et nous pouvons croire, que jusqu'au XIXe siècle, on se méfiait encore du pouvoir de la pensée de certains êtres. Il existe d'ailleurs de nombreux contes de fées, dont la symbolique véhicule de très riches

Cet arcane majeur du tarot vous MET EN RELATION avec la ***tournerie incessante***, parfois obsédante, de ***votre mental et de vos pensées***.

♍

En coloriant cette image, imaginez-vous tel ***le tisserand*** ou telle ***la fileuse*** qui, en tramant le tissu de ses pensées, ne fait que ***suivre le fil de sa destinée***...

X
LA ROUE DE
LA FORTUNE

enseignements quant à la psychologie profonde des êtres humains, qui mettent en scène des tisserandes ou des fileuses. « *Quand tricoter, filer la laine ou tisser est décrit dans un rêve comme négatif, on peut penser que la femme est en train de "filer" une intrigue quelconque. (...) Cela indique une façon de comploter au plan matériel à l'aide d'associations et d'émotions, activité interne typique de la femme ou de l'anima (composante psychologique féminine de l'homme)* »[3].

Mais par ailleurs, pour calmer ses esprits et ne pas se laisser entraîner par le fil de ses pensées, toute personne qui tricote, tisse ou brode, d'une part ne se sent pas coupable de rester sans rien faire (un natif ou une native de la Vierge culpabilise toujours de ne pas se savoir utile ou de perdre son temps), d'autre part file et maîtrise ses propres pensées tout en travaillant. Elle peut se détendre, se vider la tête en quelque sorte, laisser courir son imagination positive et terminer son ouvrage avec le sentiment du devoir accompli. Notons enfin que l'ancien rouet se dit *chakra* en Inde. Dès lors, en filant au rouet, le Mahatma Gandhi, né le 2 octobre 1869 sous le signe de la Balance, et non de la Vierge, connaissait les vertus thérapeutiques du filage et du tissage, favorisant l'élimination des forces agressives de l'individu et de la suprématie du moi, au profit de ses vertus pacifiques axées sur la patience, l'indulgence et la bienveillance.

3 Marie-Louise von Franz, *LaFemme dans les contes de fées*, La Fontaine de Pierre, Paris, 1979.

LE BON GRAIN
de l'ivraie

Sans mauvais jeu de mots, nous pourrions tout aussi bien dire, à propos des natifs et des natives de la Vierge « trier le bon grain de l'ivresse ». En effet, il arrive fréquemment que les personnes nées sous ce signe sombrent dans l'ivresse d'un certain rationalisme, poussées en cela par leur besoin de sécurité matérielle et morale, d'ordre et de méthode. Cependant, fréquemment, cette quête parfois obsessionnelle de limites à définir en tout et pour tout dont témoigne le natif ou la native de la Vierge, résulte d'une difficulté fondamentale, voire d'une incapacité à mettre de l'ordre dans ses idées, à calmer son mental, à ne pas systématiquement cérébraliser son contact avec autrui et le monde extérieur. Cela, bien sûr, au détriment de sa sensibilité, de ses émotions et de tout élan spontané.

Et plus il ou elle se révèle maniaque ou perfectionniste, totalement dépendant de ses habitudes routinières, moins il ou elle montre d'aptitude au bonheur, à la joie de vivre, à l'abandon. Ainsi, d'un point de vue psychologique, il semble très important pour un natif ou une native de la Vierge, de sélectionner très tôt en lui ou en elle d'abord, dans sa vie ensuite, le bon grain de l'ivraie. Autrement dit, ce qui pourrait s'avérer bel et bon pour lui ou pour elle, de ce qui pourrait lui nuire ou l'incliner à adopter de mauvais penchants.

En effet, à partir de son « bon grain » qu'il ou elle récoltera d'abord, puis qu'il ou elle sélectionnera en lui ou en elle, il ou elle pourra constituer le noyau de sa personnalité. Celui-ci lui permettra de prendre conscience de son identité. Non pas de son identité sociale inscrite une fois pour toutes sur les registres des institutions de son lieu de naissance, ni des papiers du même nom, mais son identité propre, son identité d'être unique, singulier, ne ressemblant à rien ni à personne qu'à lui-même ou à elle-même.

Ainsi, brimant ou inhibant plus ou moins son instinct, la volonté de l'être né sous le signe de la Vierge s'exprime et se manifeste à travers une quête d'identité et de préservation de son « moi ». Elle incline l'individu à trouver et prendre conscience en lui-même de ce qui le distingue de ses semblables, ce qui le rend différent. Abhorrant l'acte gratuit, il fixe son attention sur les détails pratiques de la vie matérielle afin d'en extraire méthodiquement tout ce qui serait susceptible d'aiguiser sa conscience, d'authentifier et de renforcer son identité. Le natif ou la native de la Vierge, étudie, compare, analyse, mesure, devenant ainsi aussi critique qu'autocritique, au point parfois de ne jamais se sentir totalement en paix avec autrui ni avec lui-même ou elle-même. Bien sûr, un tel état d'esprit engendre des insatisfactions, un mécontentement latent. D'où ses doutes, ses inquiétudes, ses interrogations constantes et, finalement, son penchant à se sous-estimer et à sous-estimer autrui, ainsi que les événements et les circonstances de sa vie.

Pour surmonter, compenser, voire bannir de sa vie de telles inquiétudes morales et existentielles, il ou elle s'efforce dès lors de vivre et d'agir dans un cadre aux limites bien définies, en cultivant une force d'inertie et un sens inné du présent qui le ou la conduisent à renoncer d'emblée à toute perspective de changement. Il ou elle témoigne ainsi d'une volonté ténue, précise, concentrée sur un point ou un objectif unique et dans l'immédiat, longuement préparé, toutes qualités qui lui confèrent une grande efficacité dans l'action. Il ou elle agit peu, mais bien.

La pensée juste

Son esprit fixé sur les détails le ou la rend donc à la fois très conscient de sa présence dans le monde et du présent, tout simplement. Dans l'absolu, cet état d'esprit absorbé par tout ce qui se produit ici et maintenant, peut se comparer à la pensée juste de la philosophie spirituelle chinoise du Tao. En effet, celle ou celui qui, faisant abstraction du monde extérieur ou ne se laissant pas perturber par tout ce qui se passe autour d'elle ou autour de lui, réussit plus qu'à se concentrer, à se centrer, autrement dit à voir et comprendre consciemment et positivement que tout est simultanément en lui ou en elle, et autour de lui et autour d'elle, obtient souvent des effets remarquables. Les chamanes, hommes ou femmes-médecines, n'agissent pas autrement. Ils puisent leurs pouvoirs de guérir ou d'agir sur des phénomènes météorologiques, dans leur force intérieure. Bien sûr, avant d'en arriver à une telle maîtrise, il faut savoir ne pas se couper du monde extérieur, ne pas vivre replié sur soi-même, ne pas confondre conscience de soi ou de son identité et égocentrisme, se dépouiller de ses scrupules, de ses doutes, de sa culpabilité, autant de prétextes du natif ou de la native de la Vierge pour se complaire dans un certain mal-être ou un refus de vivre heureux.

Dans le zodiaque, il va de soi que Mercure présente des analogies avec le cerveau et l'activité cérébrale. Cependant, ces qualités propres à Mercure recoupent celles révélées par le signe des Gémeaux.

Malgré votre ***discrétion*** ou votre ***réserve naturelle***, vous détenez de GRANDES RICHESSES dont, bien sûr, vous ne voulez pas faire n'importe quoi ni prodiguer à la légère.

Demandez-vous si ***votre grande serviabilité*** et ***votre besoin de vous rendre utile*** ne dissimulent pas ***une crainte fondamentale*** de ***vous montrer*** et de ***vous voir tel que vous êtes***...

Pour tout ce qui vous concerne, natif ou native de la Vierge, Mercure se rapporte également à vos facultés cérébrales, mais via notre deuxième cerveau, situé dans le ventre et les intestins. « *Le côlon, ou le gros intestin, se compose de quatre sections : ascendante, transversale, descendante et sigmoïde. Pour l'Occident, c'est un tube musculaire et muqueux de 1,40 mètre de long environ, qui élabore et transporte les matières fécales. L'alchimie taoïste quant à elle, lui attribue un tout autre rôle qu'elle énonce comme suit : le côlon ascendant est "cœur jaune", le transversal est "chaudron d'or", le descendant est "point du souffle" et le sigmoïde est "origine de la passe"*[4].

Dès lors, si l'on en croit les principes énoncés eux aussi par la psychopathologie suivant laquelle la psyché, le mental et les pensées influent sur l'organisme, vos problèmes digestifs et intestinaux trouvent fréquemment leur origine dans votre mauvais penchant à sasser et ressasser des idées noires, des vexations, des frustrations ou des rancœurs. Pour pallier ce genre de tourments et de maux, accomplissez si possible, et aussi souvent que possible, la posture de yoga dite « de la spirale ».

La posture de la spirale

Cette posture qui favorise l'éveil des chakras et la circulation des énergies primordiales (ou lasers, selon la médecine taoïste) le long de la colonne vertébrale, débloquant le gros intestin (côlon) et dénouant les tensions accumulées dans la région abdominale, se réalise en sept phases complémentaires.

Première étape

En tenue légère ou décontractée, chez vous, au calme, allongez-vous par terre, les deux bras le long du corps, sur un tapis de

4 Marguerite de Surany, *Dictionnaire de médecine taoïste*, Guy Trédaniel, Paris, 2000.

préférence. Détendez-vous tout simplement dans cette position, en laissant vos pensées ruisseler ou couler dans votre mental, sans chercher à en interrompre le flux, sans vous laisser emporter par lui, cependant, ni fixer votre attention sur elles (vos pensées). Puis respirez lentement et profondément, en rentrant légèrement le menton : inspirez l'air par le nez, et expirez-le par la bouche, plusieurs fois de suite...

Deuxième étape

Lorsque vous vous sentez bien détendu, redressez votre buste, toujours avec douceur, et asseyez-vous par terre, les jambes toujours étendues devant vous, les pieds joints. Puis repliez la jambe droite, jusqu'à ce que votre pied droit se trouve positionné dans l'axe de votre genou gauche, mais de l'autre côté de votre jambe gauche, le frôlant presque, en laissant votre pied droit à plat sur le sol. Un peu comme si vous vous enjambiez vous-même, votre jambe droite passant au-dessus de votre jambe gauche.

Troisième étape

Pour vous maintenir dans cette position provisoire, placez votre main droite à plat sur le sol derrière vous. De la main gauche, saisissez le genou droit de votre jambe repliée. Ensuite, glissez lentement votre main gauche de votre genou à votre pied posé par terre, le long de votre jambe gauche. Redressez votre dos autant que possible et tournez votre tête derrière vous, sans forcer. Si vous vous sentez sûr de vous et en équilibre stable, déplacez votre main gauche du sol, jusqu'à votre côté gauche, le dos de votre main droite contre votre taille. Enfin, en respirant profondément comme à la première étape de cette posture, redressez doucement votre dos à chaque inspiration, puis, à l'inspiration suivante, exécutez lentement une torsion de votre buste vers la droite.

Sachant que vous vous sentez ***souvent noué***, ***plus que tendu***, ESSAYEZ DE VIVRE dans cette posture du yoga qui vous fera ***le plus grand bien*** au corps et à l'âme.

♍

Chez vous, en effet, ***le corps et l'âme, la chair et l'esprit*** semblent intimement ***liés***, d'où votre ***besoin***, parfois, de les ***délier***, de ***dénouer les fils de vos pensées***.

ARDHA MÂTSYENDRASANA

Quatrième étape

Dès que vous ressentez une tension ou que vous vous sentez au bout de vos efforts, n'insistez pas. Remettez-vous lentement dans la position initiale, autrement dit assis, vos deux jambes étendues devant vous. Puis reposez-vous quelques instants, allongé sur le dos en respirant profondément deux ou trois fois, avant de vous rasseoir.

Cinquième étape

Vous opérez exactement comme pour la deuxième étape, à cette exception près que, cette fois, vous repliez votre jambe gauche, faites pivoter votre pied droit au-dessus et vous le positionnez contre votre genou gauche.

Sixième étape

À l'instar de la troisième étape, vous vous soutenez en posant votre main gauche sur le sol derrière vous, vous faites glisser votre main droite le long de votre jambe gauche, et vous saisissez votre cheville et votre pied. Vous exécutez alors le même mouvement de torsion, en inspirant et en expirant profondément.

Septième étape

Pour terminer, vous vous dépliez en quelque sorte, jusqu'à pouvoir vous allonger une fois encore, les bras le long du corps. Respirez profondément deux ou trois dans cette position, en accompagnant votre inspiration d'un mouvement circulaire de vos deux bras que vous ramenez au-dessus de votre tête, puis que vous faites basculer devant vous, jusqu'à les reposer lentement sur le sol, en expirant.

Les bienfaits de cette posture

Vous les connaissez déjà. Elle dénoue vos tensions accumulées dans votre ventre, facilite votre digestion, décongestionne votre foie, débloque votre côlon, stimule la circulation des énergies primordiales circulant dans votre colonne vertébrale, tonifie votre système nerveux.

Fils ou fille du Soleil et de Mercure

Si vous pouvez vous dire né sous le signe de la Vierge, cela signifie que, à l'instant précis de votre naissance, le Soleil se trouvait positionné sur l'un des trente degrés de ce signe astrologique dans le zodiaque. Le Soleil éclaire, révèle et unifie les qualités de la personnalité. Entendez « qualités » dans le sens de ce qui qualifie un être et qui rassemble en lui ses forces, ses atouts, ses faiblesses et ses handicaps. Ainsi, la situation du Soleil en signe, en maison et en aspect(s) (les angles que les astres forment entre eux à l'intérieur du zodiaque) dans le thème astral d'un individu, nous renseigne sur la nature et l'expression de sa volonté active et instinctive.

En ce qui vous concerne cependant, votre Soleil natal s'impose à notre attention, imprégné de qualités propres à Mercure, l'astre maître de votre signe du zodiaque. Comme tel, nous lui attribuons toutes les qualités relatives à l'intelligence, à l'esprit, au psychisme, au mental, aux échanges et aux transactions de toute nature. La faculté de distinguer et d'unir, inhérente à chaque individu, se révèle dans son thème astral par la position de Mercure.

Quant au Soleil, il nous renseigne sur la faculté d'un être à s'imposer, à briller, à être ce qu'il est, tout simplement, sans faux-semblant, sans fausse hypocrisie. Il faut bien comprendre que si le Soleil éclaire bien le signe astrologique dans lequel il se trouve à l'instant de sa naissance, en aucun cas telle ou telle personne dont le Soleil se situe dans tel ou tel signe possède ou maîtrise d'emblée toutes les qualités inhérentes à ce signe. Là encore, la situation du Soleil dans le thème astral nous informera sur la capacité de la personne en question à acquérir ces qualités, à les traduire en actes. En d'autres termes, être né sous tel ou tel signe ne signifie pas posséder toutes les qualités révélées par ledit signe de façon innée. Le plus souvent, il s'agit pour l'individu concerné d'acquérir les qualités de son signe natal que le Soleil éclaire dans son thème astral, de les incarner et de s'en montrer digne.

Le Soleil, peut très bien s'identifier à l'image du père. Sa situation dans un thème astral révèle la nature de la relation qu'un individu (homme ou femme) a établie avec son père (plus cérébrale qu'affective, en ce qui concerne le natif ou la native de la Vierge), l'image qu'il ou qu'elle s'est faite de lui et qui s'est fixée en lui ou en elle. Par analogie avec l'image du père qu'il symbolise, le Soleil représente aussi la situation en vue et les récompenses honorifiques.

Dans le thème astral d'une femme, le Soleil révèle son image d'homme idéal, sa part de masculinité – et non de virilité, révélée par Mars –, c'est-à-dire de volonté d'indépendance, et sa capacité à l'intégrer dans sa personnalité, à l'activer dans sa vie.

Dans le thème astral d'un homme, le Soleil renseigne sur sa capacité à incarner à son tour un rôle de père, et à imposer sa volonté d'indépendance.

Le Soleil, élément vital, présente des analogies avec le cœur, le système cardio-vasculaire, le cerveau, la colonne vertébrale, la vue et bien sûr, le plexus dit solaire. En activant ses cellules, il exerce un ascendant et un pouvoir sur le cerveau. Toujours selon sa situation dans un thème astral, on pourra mesurer si telle ou telle personne concernée possède ou non des faiblesses relatives à ces organes vitaux. Des risques existent d'hyper ou d'hypotension, de déficience ou d'usure précoce du système cardiovasculaire, de troubles de la vue – myopie le plus souvent –, de scoliose ou d'arthrose, de troubles du psychisme et du système digestif – tout particulièrement chez le natif ou la native de la Vierge. Mais il s'agit bien de risques, en aucun cas de fatalités. En effet, toute prévision astrologique ne sert de rien si nous n'en tenons pas compte pour anticiper les risques qu'elle nous révèle.

Toutefois, le signe qu'occupe le Soleil dans un thème astral gomme parfois certains atouts de même que certaines faiblesses propres au Soleil, au profit de qualités bonnes et mauvaises, relatives au maître de ce signe – ici, en l'occurrence, Mercure. Ainsi, chez le natif ou la native de la Vierge, une cérébralité excessive peut l'induire à se couper de ses sensations et de ses émotions ou, du moins, à s'en abstraire. En conséquence, son esprit logique et ses facultés mentales dominent, au détriment d'un contact sensible et physique avec la réalité. D'où son attachement aux détails, son caractère perfectionniste et pointilleux, son besoin d'ordre de méthode, son penchant à douter de tout, à s'interroger sans cesse, son goût des problèmes, plus que des solutions.

Mercure renseigne sur la nature et l'expression de l'intelligence de l'individu, son activité cérébrale, son appréhension du monde extérieur, sa façon d'entrer en relation avec lui-même et avec les autres. Si l'on se réfère aux sciences physico-chimiques, Mercure semble en rapport avec le cerveau. À ce sujet, il convient d'observer que, pour la médecine moderne, une activité cérébrale détectée, aussi minime soit-elle, implique systématiquement un signe de conscience ou de vie. Tandis que nos ancêtres envisageaient le siège de la conscience, la demeure de l'âme humaine, dans le foie, le ventre ou le cœur.

Mercure, L'ASTRE MAÎTRE de votre signe astral, est en rapport avec ***l'activité cérébrale***, ***la main***, ***l'habileté manuelle***, ***la dextérité***.

♍

Ainsi, en ce qui vous concerne, ***voir et toucher***, cela revient au même. C'est votre manière bien à vous de ***faire corps avec la réalité***.

Quoi qu'il en soit, dans le thème astral, Mercure synthétise tout ce qui relève de l'esprit, du latin *spiritus* qui signifie « souffle, air », mais aussi « respiration, aspiration, inspiration ». Avoir de l'esprit, c'est être vif. Rendre l'esprit, ou l'âme, c'est mourir. D'un point de vue astrologique, Mercure ne régit ni le cerveau, ni le ventre, ni le cœur, mais les poumons, les fonctions respiratoires, le système nerveux et la glande thyroïde dont on sait qu'elle joue un rôle majeur dans l'évolution mentale et l'activité cérébrale. Il est aussi en rapport avec la main, l'habileté manuelle, la dextérité. « *Le verbe hébreu Yada* « connaître » est construit sur la racine Yad – la main – à laquelle s'ajoute la lettre *Ayin qui veut dire « l'œil ». Nous pourrions dire que la main est douée de vision, et l'œil d'une certaine qualité du toucher. Vision et toucher mènent à la connaissance qui libère.* »[5].

CARACTÉRISTIQUES MERCURIENNES

Qualités : esprit pratique, logique, méthodique, déductif, sens inné du détail révélateur, du devoir, goût pour l'étude, l'analyse, les énigmes, les travaux de précision, pudeur instinctive compensée par une certaine délicatesse et un caractère serviable.

Faiblesses : caractère trop réservé, égocentrique, timidité, manque de confiance en soi, mutisme, esprit calculateur, servilité, attachement psycho maniaque à ses habitudes, peur de la maladie.

---

5 Annick de Souzenelle, *Le Symbolisme du corps humain, De l'arbre de vie au schéma corporel*, Dangles, 1984.

DE LA MAISON

du pain au château de l'âme

Au signe de la Vierge, se rattache la figure mythologique de Déméter, surnommée « la mère de l'orge », la déesse grecque maternelle de la Terre, de la fécondité, des mystères de la vie, des moissons et du blé, dont les épis fauchés et couchés sur le sol forment comme un tapis sur lequel elle marche, ou qu'elle tient en bouquet entre ses mains ou ses bras croisés. « (...) Elle donna de la semence du blé, une charrue, et un char traîné par des serpents ; elle l'envoya autour du monde enseigner aux hommes l'agriculture. (...) Elle donna aussi un figuier, le premier qu'on n'eût jamais vu, et elle enseigna la manière de le cultiver. »[6].

Le blé, le grain, la farine, le pain, autant d'attributs de Déméter, constituent ensemble une riche symbolique et coïncident avec un cycle magique ou divin que l'on retrouve présent dans de nombreuses croyances, cosmogonies et mythologies un peu partout dans le monde.

---

6 Robert Graves, *Les Mythes grecs*, Fayard, Paris, 1967.

À votre signe astral
se rattache la figure
mythique de DÉMÉTER,
« ***la mère de l'orge*** »,
la déesse grecque
maternelle de la Terre,
***nourrissant toutes les
formes de vie***.

♍

Ainsi portez-vous en vous ***tous les
ingrédients utiles*** pour faire ***lever
la pâte de votre âme*** et ***faire cuire
le pain ou la délicieuse galette de
votre vie***.

Des blés, dons des dieux, fruits de la grande déesse Terre-mère, mais aussi du labour et du labeur produit par l'homme, on sélectionne le grain. L'enveloppe qui entoure le grain évoque le corps qui contient l'âme. On choisit ce grain telle une nouvelle semence, ou pour s'en nourrir. Dans l'un ou l'autre cas, il doit subir une transformation, une métamorphose. Le grain de blé, né dans le sein maternel de la Terre, y retournera pour produire une nouvelle semence. Ou bien, broyé, purifié, réduit en farine elle-même régénérée par l'eau, se lèvera grâce au principe actif du levain qui figurera lui aussi le pouvoir divin de l'âme. Enfin, on fera cuire le pain. Du grain au pain, en passant par la farine, et la pétrification, nous comprenons comment les femmes et les hommes, lorsqu'ils commencèrent à cultiver la terre, firent une analogie entre la fabrication du pain, les mystères de la conception et de la naissance, et ceux de la transformation spirituelle. Longtemps, le blé et le pain constituèrent des aliments de base, les nourritures essentielles des premières communautés humaines sédentaires.

Un autre mystère plane autour du blé, car, en vrai, nous ne connaissons pas son origine. Nous savons juste que le mot blé, dérivant probablement des langues indo-européennes, signifiait aussi bien « fleur, feuille » que « récolte, produit de la terre ». De la culture du blé à la fabrication du pain, il faut la main de l'homme. Cependant, le mystère qui entoure l'origine du blé présente de nombreux points communs avec celui de l'apparition de l'être humain. Et du fait que la main de l'être humain puisse transformer le grain de blé en une nourriture essentielle, le pain, offre également une analogie avec la transformation spirituelle à laquelle l'homme ou la femme semblent voués, pour devenir l'égal des dieux, un être divinisé. Ici bien sûr, le lien avec le mythe chrétien de la mère de Jésus, Marie, surnommée la Vierge, dont le mythe se rapproche par bien des aspects aux attributs du sixième signe du zodiaque, s'impose à notre attention avec évidence.

En effet, Marie, la sainte Vierge des Chrétiens, dont le nom hébreu Myriam ou Merim signifie « celle qui élève », et qui peut se lire aussi Mi-Ram « la question de l'identité qui s'élève à son plus haut niveau », se réfugiera et donnera naissance à Jésus à Bethléem « la maison du pain » en hébreu. Or la prise de conscience de son identité unique et singulière, poussant l'être à se différencier de ses semblables, correspond bien, d'un point de vue psychologique, au signe de la Vierge. Ainsi, le mythe chrétien de la Vierge Marie, à partir duquel s'établira le miracle totalement irrationnel de la virginité miraculeuse d'une femme enceinte, évoque en réalité une matrice universelle, éternellement purifiée, donnant naissance à un être divin ou divinisé, dont l'identité s'élève au plus haut niveau de la conscience.

Quant à Hermès (Mercure), le dieu des bergers (« *le seigneur est mon berger...* » chante le Psalmiste – Ps, 23), des voyageurs, des commerçants, des voleurs, des chemins, des routes et des carrefours, il joue un rôle de guide. Parlant toutes les langues des êtres humains disséminés sur Terre, il les conduit, leur transmet des messages des dieux, les informe sur tout ce qui les concerne et les regarde, leur enseignant les signes, les symboles, les chiffres et les lettres, ainsi que tout ce qui deviendra les refuges de l'âme et de l'esprit : la foi, la méditation, la philosophie, la psychologie et toutes les sciences humaines.

De nombreuses légendes mythologiques grecques se rattachent à lui. L'une d'elles nous conte comment, en gardant les troupeaux d'Apollon, il inventa la flûte qu'il échangea avec la houlette d'or de son frère, le fameux caducée, à l'aide duquel il put exercer ses talents de devin. Plus tard, cette houlette d'or devint le bâton du berger divin, du pasteur, du patriarche, l'attribut du guide spirituel, puis la crosse de l'évêque de l'Église. Quant au caducée, cette baguette autour de laquelle s'enroulent en montant deux serpents semblant former deux spirales entrelacées (voir la posture de la spirale, page 44), il symbolise la circulation des courants cosmiques qui parcourent aussi le corps humain, via sa colonne vertébrale.

La double nature d'Hermès (Mercure), si flagrante dans la psychologie et la symbolique du signe de Gémeaux, se manifeste aussi dans le signe de la Vierge à travers le mythe de Psyché. À l'origine, le grec *psukhê* signifiait « souffle », comme *anima* en latin qui donnera aussi « âme ». Or, le contenu du mythe du souffle ou/et de l'âme de Psyché semble essentiel à la bonne compréhension des qualités de Mercure en analogie avec celle du signe de la Vierge. Il éclaire sous un jour intéressant l'apparition relativement récente dans l'histoire de l'humanité, de la psychologie et de la psychanalyse.

Le conte mythique grec dépeint ainsi la beauté sans pareille de Psyché dont Aphrodite (Vénus) prit ombrage. Elle dépêcha ainsi son fils, Éros, afin qu'il lui décoche une flèche porteuse d'un sentiment d'amour irrépressible pour le dernier des hommes, d'un envoûtement en quelque sorte. Elle devint donc l'épouse d'un monstre dans le château duquel Zéphyr, le vent, l'emporta, la déposa et l'emprisonna. Son époux lui interdit de voir son visage, son corps ou sa silhouette : « *Mon visage*, lui dit-il, *si tu le vois, tu ne le verras pas* ! ». Son mystérieux époux semblait donc réduit pour elle à une voix ou à un souffle. Cependant, bravant cet interdit qui la contraignait à vivre dans l'obscurité 24 heures sur 24, à l'aide d'une lampe à huile, elle réussit à voir le visage de son mari, d'une beauté sans pareille là encore. Furieux de la transgression commise par son épouse, Éros s'envola à tout jamais, disparaissant de la vue de Psyché. Commence alors pour elle une longue quête afin de retrouver et de rejoindre Éros, telle l'âme à la recherche de l'amour ou, en extrapolant, l'être humain à la recherche de son âme.

Soyez dans votre élément
LA TERRE

Terre nourricière, sauvage ou cultivée, il s'agit d'un élément vital qui donne et reprend tout. Tout vient de la terre et tout retourne à la terre. Cependant, il faut distinguer la terre, la matière, de la Terre, l'astre. La terre, le nom choisi pour désigner notre planète, en y ajoutant un T majuscule, se différencie de l'élément primordial sur lequel nous marchons, nous nous reposons et qui nous nourrit. Car dans l'esprit et le cœur de nos ancêtres, qui nous transmirent leur vision du monde et de la vie à laquelle nous nous référons toujours, la terre s'avère avant tout nourricière. Avant de cultiver le grand jardin de la Terre, ils appréciaient depuis longtemps l'abondance de ses fruits. Mieux que nous, ils savaient qu'il faut donner à la terre autant qu'elle donne, qu'on ne peut séparer la terre de la Terre, la matière de l'astre. Selon eux ces deux aspects de la Terre se confondaient dans l'image d'une divinité, une déesse – mère unique et commune à toutes les croyances, cultures et civilisations, malgré les apparences multiples et variées qu'ils lui attribuèrent.

Le grand principe féminin

La terre, matière primordiale dont toute vie semble issue, qui donne et reprend la vie, constitue le grand principe féminin opposé au ciel, le grand principe masculin. Il s'agit de la terre sauvage, indomptable, maléfique ou cultivée, apprivoisée, bénéfique. Dans le zodiaque, l'axe formé par les signes du Taureau et du Scorpion correspond au grand principe féminin faisant face et s'opposant au grand principe masculin, son complément. Le signe du Taureau présente des analogies avec l'apparition de la vie végétale, tandis que le signe du Scorpion est en concordance avec le surgissement de la vie animale sur notre planète.

La terre, symbole de vie et de mort

La terre contient un double aspect positif et négatif. Généreuse et féconde, elle produit une grande variété de plantes, et de fruits. Rien ne se perd, tout se transforme. Les graines issues des plantes et des fruits retournent à la terre. L'ensemencement naturel, et la germination spontanée, avant même qu'ils résultent de la main de la femme et de l'homme, donnaient de nouvelles plantes et de nouveaux fruits. Cependant, le fait que tout retourne à la terre implique qu'elle règne sur un principe vital, mais fatal, inexorable, sans lequel toute vie sur Terre disparaîtrait. Il s'agit là de son aspect négatif, obscur, maléfique. À l'instar de la graine produite par la plante ou le fruit, la femme ou l'homme semble naître de la terre, et y retourner. « *Nu je suis sorti du sein maternel ; nu j'y retournerai*, dit Job » (1, 21). Prenant conscience de leur lien étrange avec les fruits de la terre, nos ancêtres, se sachant condamnés à disparaître, convaincus cependant que rien ne meurt tout à fait, mais se transforme, situèrent le royaume des morts sous terre, dans les mondes souterrains où se manifestent les forces obscures, les ombres associées à la décomposition et à la putréfaction. Le sous-sol se révélant aussi le lieu où se produisent la fécondation et la germination, dans l'esprit observateur et imaginatif de nos ancêtres, l'espoir en une renaissance, en une résurrection, semblait plus que probable, une réalité. La croyance, et le geste rituel qui consistent à jeter une poignée de terre pour chasser les forces néfastes et conjurer la fatalité liée à la mort, que l'on accomplit toujours en enterrant nos morts, prennent racine dans cette mentalité.

Une grande déesse mythique de la Terre

Selon les légendes cosmogoniques de la mythologie grecque, Gaïa, la grande déesse Mère, apparaît juste après le chaos, le créateur de la nuit et du jour. À elle seule, Gaïa engendre Ouranos (Uranus), figure mythique du Ciel, des Montagnes et de l'Océan. S'unissant au Ciel, son propre fils, elle conçut Cronos (Saturne), le Temps, devenant ainsi la grand-mère de Zeus (Jupiter). De nos jours, on s'étonne parfois de l'absence de la Terre dans la hiérarchie céleste du zodiaque trouvant des correspondances presque parfaites avec les figures symboliques et mythiques des dieux de l'Olympe créées à partir de modèles plus anciens. En réalité, la Terre est omniprésente dans le zodiaque, même si l'astrologue n'y fait jamais formellement allusion. Elle se situe en son centre en effet, le centre de toutes les influences auxquelles elle est infiniment réceptive, et dont elle fut, à l'origine, le réceptacle, puisqu'elle les a engendrées, comme l'illustre bien le mythe de Gaïa et de la naissance des dieux grecs. Gaïa, souvent figurée sous les traits d'une femme aux formes rondes, pleines, généreuses, la mère des dieux, la mère universelle, puissance inépuisable de fécondité, détient les secrets des destins et préside aux destinées humaines.

La ***Terre***, NOTRE MÈRE À TOUS, l'est d'autant plus pour vous. Il s'agit autant de la ***terre nourricière ou cultivée***, que de la terre intérieure que ***vous cultivez en secret***.

♍

En coloriant cette image de la ***Terre mère venue du fond des âges***, imprégnez-vous de ***cet élément plus que vital***, ***viscéral*** pour vous.

Déesses et dieux de la Terre

En Inde, selon la tradition hindouiste, la Terre est tantôt *Laksmi*, déesse de la fécondité et de la prospérité, dont le symbole est l'or, tantôt *Kâli*, la déesse noire et sanglante des sacrifices. Elle figure aussi sous les traits de *Bhûmi*, le sein maternel.

Pour les Mayas, la Terre était *itzam cab* « l'iguane-terre », tandis que pour les Aztèques, il s'agissait d'un monstre aux mâchoires ouvertes « *tlaltecuehtli* », le seigneur de la terre, figures qui s'apparentent plus au mythe du dragon qu'à celui de la déesse Mère.

Héritiers d'une civilisation africaine très ancienne, qui se situait dans un immense territoire délimité aujourd'hui par les frontières actuelles des États du Nigeria et du Bénin, les Yorubas pratiquent toujours des rituels s'inspirant de leur religion originelle. Ils honorent ainsi de très nombreux esprits de la nature et d'autres divinités. Parmi ces dernières, voici Oshun, déesse de la Terre, des rivières et des fleuves et de la fécondité, qui protège les femmes enceintes et les petits enfants. Comme telle, elle peut figurer en bonne place parmi les divinités de la terre sacrée de nos ancêtres qui savaient cultiver leur bon instinct de nature. Et elle présente bien des points communs avec Hathor, la grande déesse féminine égyptienne !

Natives et natifs de la VIERGE

Le signe de la Vierge au féminin

Fixant d'emblée votre attention sur les détails pratiques de la vie quotidienne, soucieuse d'organiser méthodiquement votre vie au jour le jour, préoccupée de vous-même, vous mesurez les limites de vos possibilités, vos atouts et vos handicaps. Vous estimez vos chances avec lucidité et vous vous contentez d'exister aussi bien que possible dans un cadre bien défini, à l'abri de l'aventure et de l'imprévu. Pourvue d'un esprit critique et autocritique très aigu, vous n'épargnez personne, mais vous ne vous ménagez pas non plus.

Timide, réservée, pudique, vous ne débordez jamais d'affection. Pourtant votre comportement amoureux prête à confusion et peut susciter bien des passions, que vous observez avec un certain détachement apparent, du fait que vous ne vous y abandonnez jamais vraiment. Ainsi, chez vous, tout se passe un peu comme si renoncer vous semblait plus naturel, que de vous abandonner à ces sentiments primaires dont vous ne voyez pas bien l'intérêt ni la raison.

Dans l'absolu, vous ASPIREZ au ***dévouement***, à servir une ***cause*** ou un ***être*** qui vous en semble ***digne***.

Bien qu'il s'agisse là de ***la forme la plus pure***, ***la plus dépouillée***, ***la plus authentique de l'amour***, n'oubliez pas de ***vous aimer*** aussi en cours de route…

Dans l'absolu en effet, vous aspirez au dévouement, à servir une cause ou un être qui vous en semble digne. À vos yeux, il s'agit là de la forme la plus pure, la plus dépouillée, la plus authentique de l'amour.

De même, vous éprouvez le besoin de vous sentir utile à quelqu'un, à quelque chose ou de servir autrui tout simplement. Pour autant, vous ignorez ce que signifie l'acte gratuit, spontané, désintéressé. À quoi bon agir, selon vous, sans une bonne raison de le faire ? Vous ne vous engagez donc jamais à la légère. Vous ne faites jamais un choix, vous ne prenez jamais une décision sans y réfléchir, sans une bonne raison là encore. Ainsi, en toutes circonstances, vous vous comportez avec une certaine circonspection, qui agace parfois votre entourage.

Toutefois, ces signes de désapprobation de personnes proches de vous, ne vous émeuvent pas plus que ça. Ils vous font rarement changer d'avis. Imperméable aux influences, vous n'agissez ou ne réagissez qu'en fonction d'un détail révélateur, le grain de sable dans l'engrenage que personne ne voit, mais qui n'échappe jamais à votre œil de lynx ni à votre caractère pointilleux.

Votre sens inné des limites et de la préservation de votre personnalité, de votre être, vous incline à faire des réserves, psychologiquement et matériellement. Et si cela s'avère nécessaire, vous vous contentez de peu. Si votre esprit logique ne vous rend pas forcément les idées claires, vous n'en aspirez pas moins à l'ordre et à la méthode. L'organisation vous rassure. Elle peut même se révéler vitale en ce qui vous concerne. Vous n'avez pas l'étoffe d'une aventurière et vous n'aimez pas les situations instables. Mais vous vous montrez toujours serviable, sérieuse et, sinon attentionnée, du moins très attentive aux besoins, aux attentes et au bien-être d'autrui.

Le signe de la Vierge au masculin

Convaincu que tout s'explique pour peu que l'on veuille étudier la question avec un minimum d'attention et de sérieux, vous présentez une tournure d'esprit scientifique, ne laissant jamais rien au hasard. Étudiant et analysant donc tout ce qui se passe autour de vous, vous en tirez des conclusions concrètes et réalistes. Quant à les mettre en application, vous ne le faites que si vous le jugez absolument nécessaire. Et chez vous, la notion de la nécessité se mesure à l'importance que vous accordez à la prévention.

Malhabile à exprimer vos sentiments, et finalement tourmenté par votre esprit logique qui vous donne toujours raison mais qui vous fait aussi tourner en rond, vous vous sentez partagé entre un comportement conservateur, respectueux de la loi et de l'ordre, et un caractère empreint d'une folie tranquille, d'un sens critique très aigu, parfois même provocateur. Ainsi, l'insolite, la caricature, le fantastique et tout ce qui se manifeste en dehors d'une certaine normalité vous attirent. Toutefois, et malgré cette part de mystère et de fantaisie qui sommeille en vous, vous ne remettez jamais en cause vos certitudes, lesquelles constituent à vos yeux une pierre angulaire, une marge de sécurité indispensable.

Gérant et organisant votre vie au jour le jour plus que vous ne la vivez, intègre, sérieux, vous aimez agir dans un cadre précis, gravissant avec ordre et méthode les échelons de la hiérarchie, en vous appuyant sur vos compétences et en exploitant vos qualités avec parcimonie et discernement. Votre esprit pratique, parfois maniaque, vous rend très pointilleux à propos de toutes les questions d'argent, notamment. Prévoyant, vous vous entourez toujours d'un maximum de précautions avant de vous lancer dans une entreprise.

Dans le ***calendrier de votre vie***, il faut MARQUER D'UNE CROIX le jour où vous comprenez que ***tout ne s'explique pas systématiquement*** d'une manière logique et ***rationnelle***.

♍

Ainsi, en coloriant ce portrait d'homme Vierge, demandez-vous si vous ***ne créez pas vous-même vos propres limites***, pour vous donner ***la chance*** et ***les moyens*** de les dépasser...

Si un interlocuteur s'avisait de vous faire sortir de vos rails ou des limites que vous savez très précisément définir pour pouvoir agir en toute sécurité, il lui faudrait de solides arguments.

Ainsi, si l'on vous reproche parfois votre manque d'originalité ou d'imagination, on vous apprécie en revanche pour votre rigueur et votre intégrité. Et si d'aventure vous deviez changer de voie, vous choisissez tout compte fait celle de la raison et vous renoncez à ce coup de folie moins par scrupule que par souci de préserver vos acquis ou à cause d'une difficulté fondamentale à accepter le changement quel qu'il soit. En tout état de cause, vous comptez sur vous-même, non sur la chance ou sur les autres pour atteindre vos objectifs ou obtenir ce que vous voulez.

Au féminin et au masculin

Comment préserver votre équilibre vital

Qui sait si Jean-Baptiste Poquelin dit Molière, né le 15 janvier 1622, sous le signe du Capricorne, ne s'inspira pas d'un natif de la Vierge pour camper son « malade imaginaire » ? Qui, mieux que vous, en effet, pourrait jouer le rôle du malade avec autant de complaisance et de vérité ? Vous entrez d'ailleurs si bien dans la peau du malade qu'un jour vous finissez vraiment par le devenir. Mais personne ne fera la différence tant vous habituez votre entourage à vous voir vous soigner ou à vous plaindre du moindre de vos maux. En réalité, chez vous, seule la région du ventre, l'abdomen et les intestins présentent une certaine fragilité. Vous éliminez, vous expulsez avec autant de difficulté que vous sortez de votre réserve pour parler de vous ou vous livrer. De même, vous éprouvez des difficultés pour assimiler, digérer et transformer, autrement dit pour accepter les changements sous quelque forme que ce soit.

D'où votre vigilance quasi spontanée et quasiment inconsciente en ce qui concerne votre alimentation. Mais considérez que le mal vient plus souvent de ce qui sort de notre bouche (jugements critiques, dénigrements, médisances, etc.) que de ce qui y entre. Certes de nos jours plus que jamais, il convient de se montrer attentif à ce que nous mangeons, de privilégier une nourriture saine, frugale, variée, plus qualitative que quantitative. Mais tout cela ne sert à rien si nous ne prenons pas soin de notre état d'esprit, de nos pensées et de nos états d'âme. Montrez-vous donc psychologiquement plus positif, plus bienveillant, plus souple et ouvert vis-à-vis de vous et envers les autres. Ce bon comportement favorisera sans aucun doute la bonne marche des processus d'assimilation et d'élimination de votre organisme.

Votre caractérologie

Pourvu pourvue d'un tempérament calme, intériorisé, et soucieux ou soucieuse de vous préserver et d'économiser vos efforts, vous témoignez d'un sens inné du présent immédiat avec un intérêt marqué pour les détails et tout ce qui touche au monde matériel et à la vie pratique. Vous compensez votre repliement sur soi, votre caractère réservé, vos difficultés à exprimer vos sentiments ou à vous abandonner à vos émotions, par une grande serviabilité, un besoin vital de vous rendre utile et de vous justifier de vos actes. En raison de votre caractère introverti, sobre, discipliné, tempéré, scrupuleux, vous manquez de spontanéité, doutant autant de vous-même que des autres et de la vie. Toutefois, tous ces aspects de votre personnalité stimulent votre esprit critique et autocritique, sceptique, ingénieux, méthodique, calculateur, perspicace, vous conférant dès lors un humour d'une grande finesse.

Vous aspirez à agir et à vivre dans un cadre strict, aux limites bien définies où vous pourrez exploiter votre sens de l'organisation, du commerce, ou votre goût pour l'analyse, les travaux de précision la spécialisation. Votre nature très attentive à votre bien-être répond au fait même que vos doutes, vos inquiétudes et les questions que vous vous posez sans cesse à propos de tout et de rien, peuvent générer chez vous une sourde psychosomatisation, laquelle fragilise votre organisme.

Seuls vos sentiments amoureux peuvent vous faire perdre toute raison et vous faire sortir largement de vos limites, bien qu'une certaine pudeur toujours présente en toile de fond dans vos relations affectives, vous retient toujours de vous abandonner totalement. Il arrive parfois que vos doutes et votre curiosité beaucoup plus vive qu'il n'y paraît, viennent troubler votre fidélité, votre loyauté, votre intégrité, résultant de votre besoin de sécurisation, mais aussi de vos scrupules et de votre complexe de culpabilité.

LES TROIS DÉCANS
de la Vierge

En Égypte ancienne, on nommait le zodiaque le « cercle d'Or ». S'agissait-il du cercle d'Horus, dieu du ciel et dieu solaire, figuré souvent par un homme à tête de faucon, coiffé du disque solaire, ou du cercle d'Orion, que les Égyptiens surnommaient le chasseur du ciel, suivi de son chien, Sirius (Sothis) ? Selon la légende, les dieux utilisèrent certaines parties du corps d'Orion pour constituer les constellations et les décans du zodiaque.

Cercle d'Horus ou cercle d'Orion, le cercle d'Or se révèle en tout cas en tout point identique au calendrier thébaïque. Dans le zodiaque égyptien formé à partir des constellations, les 12 signes du zodiaque n'existaient pas. Cependant, les prêtres scribes, astronomes et astrologues Égyptiens, s'intéressaient de près à la course et aux influences du Soleil et de la Lune, mais aussi, à l'instar des Babyloniens, de Mercure, de Vénus, de Mars, de Jupiter et de Saturne.

Jusqu'à la deuxième moitié du quatrième millénaire avant notre présent à peu près, correspondant à la naissance du Nouvel Empire et au transfert de la capitale à Thèbes (aujourd'hui Louxor), « *la ville où les trésors abondent dans les demeures, ville aux 100 portes, dont chacune laisse passer 200 guerriers avec leurs chevaux et leurs chars* », seuls les **36 décans** du zodiaque égyptien consacrés aux **36 divinités**, furent pris en compte.

Malgré la fascination qu'exerce l'Égypte antique sur l'esprit de l'homme et de la femme modernes, nous savons peu de chose de la vie quotidienne des Égyptiens, de leur réalisme, de leur intégration dans la vie matérielle et sociale au jour le jour, à laquelle ils accordaient une très grande importance. De même, nous ignorons tout des rythmes de leur vie quotidienne, des timbres de leur voix, des sons de leurs instruments de musique. Nous savons plus ou moins lire les hiéroglyphes, mais nous ne savons rien du langage que les Égyptiens employaient pour se parler.

Quoi qu'il en soit, c'est sans doute à Thèbes, à partir du zodiaque et du calendrier Égyptiens, que fut réalisé le calendrier thébaïque ou thébain, constitué de 360 images symboliques correspondant aussi bien aux 360 jours de l'année qu'aux 360 degrés du zodiaque. Ce calendrier thébaïque servira de support à l'astrologie égyptienne qui s'apparente ainsi à l'hémérologie, ou divination d'après le calendrier.

Qu'est-ce qu'un décan ?

Si vous savez compter jusqu'à dix et faire une multiplication, ce dont je ne doute pas, vous comprendrez très vite ce qu'est un décan. Il suffit de savoir que le zodiaque, établi par les astronomes et astrologues de l'Antiquité, est un cercle parfait de 360 degrés, divisé en 12 secteurs : les signes astrologiques, chacun d'eux couvrant 30 degrés du zodiaque. Chaque signe se trouvant à son tour subdivisé en trois parties égales de 10 degrés chacune, nous disposons ainsi de trois décans.

En résumé, le zodiaque se compose de 12 signes astrologiques et de 36 décans (12 signes x 3 parties égales = 36 décans).

L'utilité et la signification d'un décan

Exactement comme pour les 12 signes du zodiaque, les anciens adeptes et savants de l'astronomie sacrée attribuèrent un astre maître à chacun des 36 décans. Dès lors, en combinant l'ensemble des données fournies à la fois par la nature du maître d'un signe et celles indiquées par la nature du maître d'un des décans de ce signe, nous disposons d'informations singulières et nettement plus précises relatives au caractère et à la destinée de toute personne dont le Soleil se situait dans ce signe astrologique et ce décan à l'instant de sa naissance.

LES TROIS DÉCANS DU SIGNE DE LA VIERGE

Vous êtes natif ou native du :

23 août au 1er septembre,
vous êtes Vierge du premier décan.

2 au 13 septembre,
vous êtes Vierge du deuxième décan.

14 au 22 septembre,
vous êtes Vierge du troisième décan.

Premier décan : du 23 août au 1er septembre

Le Soleil, l'astre maître de ce décan, en entrant en relation avec Mercure, qui gouverne ce signe, stimule les facultés d'assimilation et d'analyse de l'individu dont le Soleil ou l'ascendant, occupe ce décan, ainsi que sa curiosité et son discernement. Il éprouve toujours le besoin d'ordre, d'organisation, de méthode et, simultanément, il cherche toujours à justifier ses actes et ses motivations.

L'image symbolique de ce décan en Égypte antique

Une jeune fille souriante et jolie, debout près d'un homme qui jette des semences.

Nous nous trouvons ici en présence d'un couple de cultivateurs, comme il en existait tant dans l'Égypte ancienne. En effet, la prospérité et la grandeur des civilisations reposèrent avant tout sur leur capacité à cultiver la terre. Devenus sédentaires du fait qu'en produisant et tirant leurs nourritures du sol qu'ils foulaient, ils disposaient de tout le nécessaire pour assurer leur survie, certaines communautés humaines devinrent peu à peu agressives, guerrières, cupides, conquérantes, colonisatrices. Dans un premier temps, elles durent plutôt se défendre contre les invasions sporadiques des peuples, restés nomades, qui convoitaient leurs biens et les fruits de la terre, de leur terre. Quant au couple présent sur cette image, il se compose d'une jeune fille « souriante et jolie », dont la jeunesse, la fraîcheur, l'innocence et l'insouciance peut-être semblent soulignées, et d'un homme s'affairant à jeter des semences. Il s'agirait donc d'un couple de fiancés, non d'un couple marié. De plus, tout dans l'attitude de la jeune fille laisse supposer une certaine passivité. Tandis que l'homme, du fait même qu'il jette des semences, se projette dans l'avenir. Il songe déjà à la récolte prochaine, et donc à sa préservation et à sa sécurité, peut-être aussi à celles de son clan, de sa famille, ou de sa communauté.

Son interprétation

Il s'agit donc d'un décan pouvant indiquer une double nature, chez un être qui se révèle à la fois léger, souriant, heureux de vivre, fixé dans le présent en quelque sorte, mais aussi soucieux de préserver sa sécurité et son avenir, d'assurer son bien-être et qui, ce faisant, se montre courageux, travailleur et entreprenant, tel le cultivateur, semant aujourd'hui en quelque sorte, pour récolter demain. À chaque jour suffit sa peine, pourrait-on dire à propos de ce décan, à condition d'ajouter que chaque jour apporte aussi en lui un peu de bonheur.

La femme du premier décan de la Vierge en action

Le quotidien tel que vous le vivez

D'emblée plus cérébrale qu'instinctive, vous n'en exploitez pas moins les qualités de votre sensibilité en fixant votre mental sur les détails pratiques de la vie matérielle.

De ce fait, rien ne vous échappe. Votre sens aigu du présent, votre conscience précise de l'espace étroit et limité dans lequel vous vivez, vous permet de vous insérer très harmonieusement dans votre cadre de vie, afin de vous y sentir en sécurité.

Dans un tel contexte rassurant pour vous, vous vous consacrez à des tâches certes routinières, grâce auxquelles vous donnez un sens à votre vie. Vous sentant utile, vous évoluez ainsi dans un univers ordonné ou qui, du moins, présente un certain ordre - le vôtre, bien sûr. En effet, votre sens de l'ordre et de l'organisation n'exclut pas une certaine fantaisie, à l'instar de votre esprit aussi empreint d'humour que de sens critique et autocritique, qui ne vous rend jamais dupe de vous-même.

À l'instar de ***ce couple*** figurant sur l'image symbolique de ce décan, vous SAVEZ joindre ***l'utile à l'agréable***.

♍

À chaque jour suffit sa peine, pourrait-on dire à propos de ce décan, à condition d'ajouter que ***chaque jour apporte aussi en lui un peu de bonheur***.

VOTRE CŒUR À L'OUVRAGE

Selon vous, chaque jour vous donne l'occasion de poser une nouvelle pierre à l'édifice de votre vie. Ou bien, telle une fourmi habile, intelligente, mais plutôt casanière, vous travaillez méthodiquement, laborieusement, accomplissant vos tâches avec application et par la même occasion, remplissant votre grenier, ou votre compte en banque. La richesse et l'abondance ne vous font pas vraiment rêver, mais vous ne pouvez pas vivre sans réserve de nourritures, ni liquidités.

VOTRE TONUS ET VOTRE VITALITÉ

Pour vous sentir bien dans votre peau, il vous faut vivre en toute sécurité. En effet, vous prenez volontiers de multiples précautions, ou bien vous entamez de constants traitements préventifs afin d'éradiquer tous les risques que vous pourriez encourir. Vous vous croyez ainsi fragile et vulnérable quand, en réalité, là encore, vous ne manquez pas de secrètes ressources qui vous rendent plus endurante qu'il n'y paraît.

VOTRE STYLE DE VIE

Vivant en toute simplicité, dépouillée de tout ce qui vous paraît inutile ou superflu, vous n'en témoignez pas moins d'une grande finesse de goût. Votre amour de l'ordre parfois poussé à l'extrême, allié à votre volonté pointilleuse, presque maniaque, de paraître toujours impeccable, irréprochable, tirée à quatre épingles, vous confère ainsi un style de vie sans fausse note.

L'AMOUR TEL QUE VOUS L'ÉPROUVEZ

Sans céder aux schémas réducteurs et à la caricature, on peut vous définir telle une femme de tête avec un cœur gros comme ça ! Intelligente, discrète, réservée certes, mais surtout en raison de votre raffinement et de votre esprit subtil, plus qu'en raison d'éventuelles inhibitions. En effet, de toutes les natives de la Vierge, vous semblez la moins encline à vous sous-estimer. Probablement du fait que vous éprouvez le besoin d'exprimer et d'exercer votre volonté librement, que vous demeurez toujours reliée à votre instinct pur, primaire, typiquement féminin, qui vous dicte d'agir ou de renoncer opportunément. Grâce à cet instinct très sûr, vous développez un sens très évolué du présent immédiat qui vous confère sinon une certaine clairvoyance, du moins de la perspicacité et du discernement. Pourtant, lorsque vous êtes amoureuse, un vent de folie souffle dans votre vie, et peut même vous induire à sortir des limites confortables dans lesquelles vous appréciez de vivre en toute sécurité. Or ce vent de folie, il présente un caractère vital en ce qui vous concerne. Il faut donc que vous puissiez l'entretenir aussi longtemps que possible.

L'homme du premier décan de la Vierge en action

Le quotidien tel que vous le vivez

Vous possédez un sens inné de la vie au jour au jour, de l'instant présent, vous intégrant ainsi dans la vie quotidienne avec une grande facilité. En effet, cet espace restreint, qui se limite au présent, vous convient parfaitement. Vous aimez agir et vivre dans un cadre bien défini, au sein duquel vous vous sentez en sécurité et vous pouvez donner toute votre mesure en quelque sorte, à l'abri des interférences extérieures ou des éléments étrangers à ce qui vous préoccupe ou retient votre attention. Chaque jour équivaut vraiment à un nouveau jour à vos yeux, mais qui doit, autant que possible, ressembler au jour précédent. Ce qui peut sembler routinier ou répétitif aux autres, vous rassure, vous conforte, vous stimule, vous donnant l'occasion d'exprimer librement votre sens de l'ordre ou votre organisation désordonnée, dans laquelle vous vous y retrouvez toujours.

Votre cœur à l'ouvrage

Concentré, patient, méticuleux, quelles que soient les tâches que vous vous appliquez à remplir aussi bien que possible, vous faites appel à votre esprit pratique et méthodique. Œuvrant point par point, étape par étape, en fixant votre attention sur chaque détail, en habile technicien, vous vous attardez parfois sur des aspects d'un problème qui semblent dénués de tout intérêt aux autres, mais qui sont des passages obligés, selon vous.

Votre tonus et votre vitalité

Vous prenez soin de vous. Vous pouvez même témoigner d'une forte volonté d'autodiscipline lorsqu'il s'agit de sauvegarder votre bien-être. Toutefois, le moindre mal peut prendre des proportions démesurées, chez vous. En effet, la douleur vous fait perdre tous vos moyens. À tort ou à raison, vous vous sentez fragile, mais cela vous rend prévoyant et prudent. Il s'agit donc d'un mal pour un bien.

Votre style de vie

Vous vous montrez tantôt raffiné pour certaines choses, pour soigner votre paraître par exemple, tantôt brouillon dans l'organisation de votre vie au jour le jour, tout en retombant toujours sur vos pieds, d'ailleurs. Ou, à l'inverse, vous vous révélez excessivement pointilleux pour tout ce qui concerne votre emploi du temps, mais négligent ou indifférent, quant à votre apparence.

L'amour tel que vous le vivez

En homme d'esprit enclin à privilégier la raison au détriment de l'instinct, vous cérébralisez volontiers vos sentiments amoureux, contrôlant ainsi vos désirs et vos pulsions dont vous ne semblez jamais dupe. Cependant, plus conformiste et conservateur que vous voulez bien le laisser paraître, vous n'en aspirez pas moins à trouver une certaine sécurité affective. Vous ne manquez pas de volonté, mais vous prenez votre temps avant de vous engager dans une relation que vous souhaitez durable et mutuellement enrichissante. Ainsi, votre caractère empreint d'une certaine délicatesse et d'une forme de raffinement, n'exclut pas des élans passionnés et irraisonnés de votre part. Aussi charmant que charmeur, intelligent, brillant, jamais superficiel, vous péchez cependant par votre égocentrisme. Vous vous montrez donc très habile à satisfaire vos désirs, tout en sachant préserver votre intimité des regards indiscrets ou des jugements souvent sommaires d'autrui. Vous possédez l'art et la manière de cultiver un authentique jardin secret.

Deuxième décan : du 2 au 13 septembre

Vénus, l'astre maître de ce décan, tempère l'esprit critique de Mercure, qui gouverne le signe de la Vierge, lui ôtant de sa rigueur intellectuelle, pour l'orienter vers des plaisirs subtils, raffinés, rares. L'individu dont le Soleil ou l'ascendant se trouve positionné dans ce décan, se distingue ainsi par de belles qualités diplomatiques, mais il peine à s'abandonner à ses sentiments et à ses émotions, par pudeur ou timidité.

L'image symbolique de ce décan en Égypte antique

Deux hommes debout, côte à côte : le premier revêtu d'une tunique en cuir noir, le second pourvu d'une chevelure abondante et tenant deux bourses dans la paume de sa main gauche, tendue devant lui.

Deux détails distinguent les deux hommes figurant sur cette image : la tunique en cuir noire que porte le premier, la chevelure abondante du second. D'un point de vue symbolique, cette tunique figure une extrême discrétion, tout en permettant à l'homme qui la porte de se singulariser, car il ne s'agissait probablement pas d'un costume fréquent en Égypte ancienne.

L'image symbolique
de ce décan évoquant
l'authenticité et les
richesses potentielles
que DÉTIENT toute
personne née durant cette
période de l'année...

♍

Demandez-vous si vous ***savez estimer à leur juste valeur les richesses dont vous disposez***, et ce que vous en faites, dans votre vie.

Discrétion, réserve, modestie, humilité, il s'agit là de qualités inhérentes aux natifs et natives de la Vierge. Par ailleurs, les civilisations du Proche Orient considéraient la tunique tel le corps ou l'esprit dont se revêt l'âme.

Toujours d'un point de vue symbolique, la chevelure abondante constitue une représentation de la puissance vitale d'un être, mais aussi de sa force, de ses richesses et de sa beauté, intérieures. Enfin, les deux bourses que le second homme tient dans sa main gauche nous indiquent qu'il semble disposer à faire don de lui-même et de ses biens. En effet, la main droite est communément perçue telle celle qui commande, demande, prend ou reçoit, la main gauche, celle qui donne.

Son interprétation

Il s'agit donc d'un décan d'abnégation, de don de soi, de générosité, reposant toutefois sur des valeurs profondes. L'être dont le Soleil occupe ce décan dans son thème astral peut donc considérer qu'il possède des richesses, des qualités, des aptitudes potentielles, qui devraient lui permettre d'entreprendre de grandes choses dans sa vie, et de donner beaucoup de lui-même, tout en faisant preuve d'une certaine modestie et probablement en cultivant aussi l'art de se singulariser avec finesse et habileté.

La femme du deuxième décan de la Vierge en action

LE QUOTIDIEN TEL QUE VOUS LE VIVEZ

Bien que vous donniez l'apparence rassurante d'une femme dotée d'un esprit réaliste et pragmatique, il ne faut jamais perdre de vue, en ce qui vous concerne, le lien subtil existant entre la sagesse et la folie. Ce lien existe en vous. Il se manifeste en cela que vous témoignez parfois d'une logique imparable et incontestable, qui vous rend certes irréprochable, mais aussi impénétrable. En réalité, à y regarder de plus près, on s'aperçoit que vous vous sentez plus ou moins déchirée entre l'ordre et le désordre, la stabilité et l'aventure, le permis et l'interdit, la maîtrise de soi et le laisser-aller. Cette ambivalence de nature se reflète ainsi dans votre vie au jour le jour, où vous pouvez faire montre de la plus extrême réserve ou réticence, à propos de certains points de détail sans importance aux yeux de la plupart d'entre nous quand, par ailleurs, vous vous abandonnez et vous vous débridez, dans d'autres secteurs de votre vie où une certaine retenue semblerait pourtant de rigueur.

Votre cœur à l'ouvrage

Là encore, vous faites preuve d'une certaine ambivalence, dans le sens où, d'une part, vous vous révélez particulièrement serviable, parfois même servile, car vous voulez être irréprochable aux yeux d'autrui, quand, d'autre part, vous semblez vous isoler en travaillant, manquant de spontanéité et d'intérêt pour autrui, jusqu'à douter de lui.

Votre tonus et votre vitalité

Une fois encore, votre caractère ambivalent fait son petit effet dans l'attention très particulière, parfois même obsessionnelle, que vous portez à votre bien-être, quand, pourtant, il vous arrive de ne pas savoir résister à la tentation, de commettre des excès dont les conséquences nocives pourraient finalement se révéler bien amoindries si vous n'aviez pas un malin plaisir à culpabiliser, sans pour autant vous interdire de reproduire les mêmes abus.

Votre style de vie

Malgré l'aspect strict et rigoureux que vous adoptez dans votre style de vie, il n'en est pas moins empreint d'une pointe de fantaisie et d'originalité, peu apparente certes, du fait qu'il se manifeste toujours de façon subtile, fine, nuancée, mais qui vous donne un certain charme envoûtant, et qui vous permet de vous singulariser.

L'amour tel que vous le vivez

Le jeu social et relationnel est ainsi fait qu'on se fie souvent aux apparences, à ce qu'on voit, croit voir du moins, ou qu'on nous montre. Ainsi, en ce qui vous concerne, native de la Vierge du deuxième décan, vue de l'extérieur, vous vous révélez pudique, discrète, timide. Vous donnez l'impression d'aspirer à vous mettre systématiquement en retrait, à ne pas faire parler de vous, à ne surtout pas attirer l'attention. À cause de ces attitudes, ostensiblement timorées, ceux qui ne se fient qu'aux apparences donc, ne vous croient d'emblée ni expansive ni affectueuse. Quelle erreur ! En réalité, cette délicatesse non feinte dont vous faites preuve dissimule une femme intensément sentimentale, possédant une conscience aiguë, très fine, d'une rare précision, des sensations et des émotions qu'elle éprouve. De ce fait, bien que vous ne vous abandonniez que très rarement, que vous vous montriez sélective et pointilleuse dans vos choix affectifs, que vous n'accordiez pas aisément votre confiance, lorsque vous tombez amoureuse, vous éprouvez l'amour par tous les pores de votre peau et d'une manière viscérale. Vous aimez, tout simplement.

L'homme du deuxième décan de la Vierge en action

Le quotidien tel que vous le vivez

On vous reproche assez fréquemment votre sécheresse de cœur, votre égoïsme, votre indifférence aux autres ou, du moins, ce que d'aucuns perçoivent comme tels, en se fiant à votre mutisme, à vos attitudes parfois distantes, au regard critique que vous posez sur autrui. En réalité, tout simplement timide, ou manquant de confiance en vous, vous vous trouvez dans l'impossibilité de vous exprimer spontanément ou librement. Ainsi pour vivre aussi sereinement et confortablement que possible, il vous faut suivre les règles qui vous rassurent, évoluer dans un cadre bien défini ou des limites claires, que vous respectez avec la plus grande rigueur, en planifiant votre vie au jour le jour sans rien laisser au hasard. Dans ces conditions en effet, vous prévoyez et vous organisez vos obligations et vos plaisirs, vos devoirs et vos distractions, en détail, parfois même à la minute près.

Votre cœur à l'ouvrage

Vous aimez rendre service ou vous savoir utile à autrui, vous abstenant ainsi d'agir en vain, sans une bonne raison. Toutefois, vous adoptez un tel comportement moins par générosité pure ou par dévouement spontané, que pour vous prouver à vous-même de la nécessité, de l'utilité bien sûr, et du bien-fondé de vos actes. Ce faisant en effet, vous prenez conscience de votre importance et du rôle que vous jouez dans le monde.

Votre tonus et votre vitalité

Vous pouvez vous révéler très attentif à votre bien-être, Jusqu'à prendre d'excessives précautions parfois ; et puis tout à coup, du jour au lendemain, sous un prétexte bien trouvé, que votre esprit logique a tourné et retourné dans tous les sens, vous débordez de vos limites habituelles, vous commettez des excès, vous rompez votre équilibre vital.

Votre style de vie

En effet, si vous êtes passé maître en l'art de prévoir et de planifier, il ne faut jamais négliger, chez vous, les risques imprévus, que vous provoquez ou que vous appelez, inconsciemment, qui peuvent aussi bien bousculer votre style de vie tranquille ou routinier, que l'ordre, le rangement, l'aspect tiré à quatre épingles de votre costume, du décor dans lequel vous vivez, que votre vie même.

L'amour tel que vous le vivez

Malgré un certain bouleversement des mœurs, des préjugés, des schémas caricaturaux relatifs aux hommes et aux femmes, votre grande sensibilité plus féminine que masculine, se révèle souvent introvertie ou inhibée. Probablement vous a-t-on appris dès votre plus jeune âge, qu'un homme ne doit pas s'abandonner à ses émotions, qu'il s'agit là d'un signe de faiblesse. Vous ne faites pas exception à la règle. Pourtant, l'âge aidant, votre bon sens critique et autocritique vous permet de devenir plus conscient de cette composante sensible de votre personnalité, qui fait de vous un homme aussi sentimental que sensuel, bien qu'il vous arrive fréquemment de vous en défendre. Cette résistance à vous-même finit par vous conférer un certain charme, vous induisant à nourrir des ambitions et à développer des qualités humaines que vous négligeriez probablement de cultiver sans cela. Ainsi, vous plaisez, du fait que se dégage de votre personnalité un caractère à la fois énergique et raffiné, très présent et effacé, jamais dupe de lui-même, et que, sachant toujours tirer des enseignements à partir de vos propres manquements, de vos faiblesses et de vos expériences, vous vous montrez finalement compréhensif, tolérant et fin diplomate.

Troisième décan : du 14 au 22 septembre

Mercure se révélant l'astre maître de ce signe et celui de ce décan, les qualités naturelles de la Vierge s'en trouvent évidemment renforcées, notamment la serviabilité, l'intelligence minutieuse, l'autocritique, le pouvoir de concentration sur les détails pratiques de la vie matérielle. Mais les qualités les plus flagrantes du natif ou de la native de ce décan semblent bien son besoin de se sentir utile, son abnégation ou son altruisme.

L'image symbolique de ce décan en Égypte antique

Un couple de personnes âgées, dont l'homme se tient devant, appuyé sur un bâton, la femme marchant derrière lui, à son rythme.

Quel contraste entre le couple figurant sur cette image, et celui du premier décan de ce signe ! Si le premier semblait bien implanté dans son présent, mais aussi résolument tourné vers l'avenir, le second paraît au bout du rouleau, plus riche de passé que d'avenir, plus absent que présent. En effet, l'homme éprouve le besoin de s'appuyer sur un bâton pour avancer ou simplement se tenir debout, tandis que la femme, apparemment moins impotente, semble en tout cas résignée à s'accorder à son rythme pour le suivre. Pourtant, tout laisse supposer qu'ils avancent ou qu'ils progressent à pas comptés, lentement, qu'ils ne restent pas inertes, passifs, figés sur place. Par ailleurs, si nous voulons bien faire abstraction de toutes ces indications, on peut aussi observer que ce couple fait montre d'une certaine longévité, et donc d'expérience, probablement aussi de sagesse.

Son interprétation

Nous pouvons donc interpréter ce décan sous deux angles distincts : d'une part il peut s'agir d'un décan de résignation, de renoncement, d'abnégation là encore, mais alors dans un esprit de soumission et de fatalisme, comme chez un être se pliant à ses obligations, à son devoir, à son destin dont il pense qu'il consiste à servir et à accepter son sort. D'autre part il peut s'agir aussi d'un décan d'humilité, de patience, d'abnégation au sens noble cette fois, de serviabilité et non de servilité, de sagesse de celui ou de celle qui se soumet à son destin sans aucune duperie à ce sujet, sachant que, d'une certaine manière, en servant, il ou elle aide, il ou elle favorise et, d'une certaine manière, il ou elle se rend maître ou maîtresse de son destin.

L'image symbolique de ce décan faisant allusion à L'ART DE SE RENDRE UTILE ***en toutes circonstances*, *ou de rendre service***, tout simplement...

♍

Demandez-vous toujours si ***vous ne confondez pas serviabilité et servilité***, abnégation et négation de soi. Quoi que vous fassiez, ***ne vous oubliez jamais***.

La femme du troisième décan de la Vierge en action

LE QUOTIDIEN TEL QUE VOUS LE VIVEZ

Précise, méthodique, organisée, appliquée, vous appréciez les réalisations concrètes et la satisfaction du devoir accompli. Mais, chez vous, il existe aussi un mélange d'impatience à traduire vos idées en actes d'une part, du fait même que certaines choses qui semblent compliquées aux autres vous apparaissent évidentes, flagrantes, simples à comprendre et à concrétiser, et de naïveté d'autre part, voire de simplification extrême. Ainsi, vous vous comportez telle une femme active, mais vous n'en ressentez pas moins le besoin d'évoluer dans un cadre confortable et sécurisant, moralement et matériellement, tant et si bien que, finalement, vous vous révélez très conformiste. En effet, en tout et pour tout, il vous faut toujours trouver des points de repère. De même, vous aspirez à vivre dans un décor parfaitement bien ordonné, où chaque objet se tient à sa place exclusive. De même là encore, les lois et les règles strictes, que vous pouvez mettre en application aisément, vous rassurent.

VOTRE CŒUR À L'OUVRAGE

Et en effet, vous disposez d'excellentes prédispositions, non seulement pour appliquer les règles et les lois à la lettre, mais encore pour les expérimenter, tant si bien que vous en percevez les failles et les faiblesses mieux que personne. D'ailleurs, vous aimez à vous en rendre digne, car vous voulant irréprochable aux yeux d'autrui, l'idée même de commettre une faute ou une erreur vous insupporte.

VOTRE TONUS ET VOTRE VITALITÉ

Votre point faible s'avérant précisément votre penchant quasi naturel à culpabiliser, à vous sous-estimer, à vous montrer aussi critique à l'égard d'autrui, qu'autocritique et, de ce fait, à ressasser jusqu'à vous en rendre malade ce que vous estimez telles vos erreurs de jugements, vos déceptions ou vos rancœurs, vous vous rendez ainsi fragile, vulnérable. Dès lors, victime de problèmes digestifs le plus souvent, tôt ou tard, vous prenez des précautions à ce sujet.

VOTRE STYLE DE VIE

La nécessité de vous sentir en sécurité dicte vos choix de style de vie, plutôt modeste en ce qui vous concerne, tout en vous offrant un certain confort, car vous vous souciez moins de paraître que de conserver vos acquis et de vivre en paix. Parfois, vous adoptez une absence de style, si j'ose dire, par volonté délibérée de vous singulariser, ou par crainte de vous voir cataloguée par autrui, comme vous le faites vous-même en rangeant, dans votre esprit à tiroirs, les êtres et les choses.

L'AMOUR TEL QUE VOUS LE VIVEZ

Plus cérébrale que sensuelle, vous vous montrez parfois si sélective, si exigeante, si pointilleuse et perfectionniste, que vous en devenez élitiste sans même vous en rendre compte. La raison dominant souvent vos émotions, vos désirs et vos sentiments, tout ce que vous vivez, ce que vous entreprenez ou ce que vous réalisez, semble prévu, anticipé, organisé, planifié. Toutefois, vous ne pouvez pas vous empêcher de culpabiliser de vivre selon de tels critères et de telles exigences. En effet, vous savez bien que l'ordre que vous vous imposez à vous-même ou que vous imposez à autrui, apparaît tel le contrepoint, indispensable à votre équilibre, du grand désordre psychologique, moral, et parfois même affectif, où vous plonge votre agitation mentale, qui vous pousse à sasser et ressasser sans cesse. Pour déculpabiliser, vous devenez accommodante, serviable jusqu'à l'abnégation, ce qui ne vous empêche pas de céder aux tentations de votre esprit critique et autocritique, bien sûr. Fort heureusement, votre grande faculté de discernement vous sauve, votre sens inné des détails pratiques de la vie matérielle aussi, mais surtout votre grand besoin d'amour, que vous exprimez peu, certes, mais dont témoignent tous vos actes et votre présence, forte et intense, auprès de ceux que vous aimez.

L'homme du troisième décan de la Vierge en action

LE QUOTIDIEN TEL QUE VOUS LE VIVEZ

Votre esprit subtil et minutieux vous permet de tirer le meilleur parti des plus petites choses, des faits les plus anodins, de ce que les autres négligent de voir, de comprendre, d'étudier. À vos yeux, chaque instant s'avère on ne peut plus précieux, chacun de vos actes répond à une nécessité, chaque événement de votre vie joue un rôle, doit se produire ou se réaliser d'une certaine manière, et pas d'une autre, à un moment précis et pas à un autre, et peut s'étudier et s'analyser dans ses moindres détails. Vous aimez que chaque objet qui vous entoure trouve sa place et y reste, croiser les mêmes visages, suivre le même parcours, vous cramponner à vos habitudes dont, contrairement aux autres, vous pouvez d'ailleurs vous moquer avec un humour autocritique d'une grande finesse, tout en ne pouvant pas vous en passer pour vivre. En effet, votre caractère plutôt introverti ou réservé, n'exclut pas votre belle vivacité d'esprit.

VOTRE CŒUR À L'OUVRAGE

Votre esprit vif s'avère précisément un précieux atout d'une grande utilité dans l'exercice de vos fonctions. Méthodique, vous organisez vos activités avec un soin maniaque, tout en cultivant le don de fixer votre attention sur le détail qui échappe aux autres, sur le grain de sable qui paralyse les rouages. Par ailleurs, votre serviabilité proverbiale, vous vaut fréquemment l'estime de vos collègues qui savent que vous vous montrez toujours partant pour remplir une tâche qui ne vous incombe pas.

Votre tonus et votre vitalité

Vous donnez l'impression de vous surveiller de près, de ne commettre aucun écart. En réalité, vous faites souvent des excès, et en raison de votre discrétion à leur sujet, ceux-ci s'avèrent d'autant plus dangereux. En effet, ils semblent si bien ancrés dans vos habitudes et dans votre vie quotidienne, que plus personne n'y prête plus attention.

Votre style de vie

Vous imaginez ou vous voyez le monde partagé en deux : non pas le bien d'un côté, et le mal de l'autre, mais l'ordre d'un côté, et le désordre de l'autre. Ainsi, le style de vie que vous adoptez se compose-t-il d'un subtil mélange de ces deux tendances : très ordonné pour certaines choses, jusqu'à en devenir pointilleux à l'extrême, vous vous montrez totalement désordonné pour d'autres, jusqu'au laxisme...

L'amour tel que vous le vivez

Vous ne voulez rien laisser au hasard. À vos yeux, tout doit avoir un sens, une raison d'être, une utilité, à commencer par vous, bien sûr. Vous ne pouvez pas vous empêcher de vous interroger à propos de tout et de rien, à commencer par vous-même là encore, votre sujet de prédilection. Votre manque de confiance en vous *résulte de vos insatisfactions latentes vous concernant*, de votre *fâcheuse manie de vous croire perfectible. Cette mentalité vous rend excessivement pointilleux, exigeant, aspirant toujours à* vous sentir comblé au détail près. Or, paradoxalement, l'ordre ne *règne* pas en maître, dans votre vie affective et amoureuse. En effet, vos exigences vous rendent si sélectif, parfois si pessimiste, que vous ne réussissez pas à vous abandonner à vos désirs, à vos émotions, à vos élans. Vous manquez de spontanéité et de simplicité, bien que, intellectuellement ou théoriquement, vous aspiriez à un certain conformisme amoureux et relationnel. En réalité, les échanges amoureux relèvent pour vous de l'apprentissage permanent. Vous ne pouvez pas croire que les sentiments, les vôtres comme ceux des autres, se révèlent finalement aussi simples que cela…

La Vierge et LA NOSTALGIE DES POISSONS

Une fois encore, le zodiaque formant un tout cohérent, les douze signes qui le composent, suivent un ordre qui confirme qu'il résultait bien d'une invention très élaborée, d'individus qui présentaient déjà une tournure d'esprit scientifique, de véritables savants. Chacun des signes astrologiques ne se situe pas à tel endroit du zodiaque par hasard. Il suit un signe et en précède un autre.

Autrement dit, la place qu'il occupe dans le zodiaque s'inscrit dans une continuité et dans une logique, non dénuées de sens. Mais attention ! Les qualités attribuées à un signe du zodiaque n'influent en rien sur votre caractère ni sur votre personnalité. En revanche, du fait de votre caractère inné et de votre personnalité unique en son genre, vous apparaissez sur Terre à un moment qui coïncide avec la période de l'année durant laquelle le Soleil éclaire tel ou tel signe du zodiaque. Ou, si vous préférez, vous n'êtes pas ce que vous êtes à cause de votre signe astrologique natal, mais du fait que vous êtes ce que vous êtes, vous ne pouviez pas naître sous un autre signe du zodiaque que le vôtre. Et il arrive fréquemment qu'une personne native de tel ou tel signe astrologique, éprouve une espèce de nostalgie des qualités révélées par le signe opposé et complémentaire au sien – en l'occurrence, en ce qui vous concerne, le signe des Poissons.

La Vierge de l'arbre et les Poissons de la forêt

Jamais on ne verra ni ne trouvera de poisson dans une forêt, bien sûr. Cependant, cette identification du signe de la Vierge à l'arbre, et celle du signe des Poissons à la forêt, nous permet d'illustrer un adage bien connu : « l'arbre qui cache la forêt. » Que signifie-t-il ? Tout simplement que si, dans une forêt, nous fixons notre regard sur un arbre en particulier, nous oublions tous les arbres qui l'entourent. De même, si nous regardons tous les arbres d'une forêt, nous ne pouvons pas distinguer tel ou tel arbre en particulier. Or, fréquemment, le natif ou la native de la Vierge se préoccupe plus volontiers de l'arbre, du détail, du point précis, tandis que celui ou celle des Poissons, s'intéresse à la forêt, à l'ensemble, au panorama. Mais qu'il s'agisse de l'arbre ou de la forêt, le premier peut dissimuler aussi bien la seconde, que celle-ci peut soustraire aux regards celui-là.

Ainsi, ce qui différencie le signe de la Vierge du signe des Poissons, saute aux yeux. Elle se traduit essentiellement par une rétraction chez le natif ou la native de la Vierge et une dilatation chez celui ou celle des Poissons. Le premier ou la première se concentre sur les détails de la vie pratique et matérielle, auxquels il ou elle s'identifie et s'accroche pour se sécuriser car, fondamentalement, il ou elle doute, manquant de foi en la vie et de confiance en lui ou en elle. Tandis que le second ou la seconde aspire à s'échapper, à fuir, à s'évader des contingences et des vicissitudes de la vie quotidienne et du concret, afin d'assouvir pleinement sa soif d'absolu.

Voilà comment la personne native de la Vierge se concentre sur l'arbre, quand, au même instant, celui des Poissons contemple la forêt dans son ensemble, ou souhaite la connaître et l'appréhender globalement, si l'on veut bien admettre cette métaphore. En d'autres termes, la personne native de la Vierge cultive une vision analytique des choses. À l'inverse, la personne native des Poissons aborde la réalité des êtres et des choses de ce monde d'une manière synthétique.

De ce fait, le natif ou la native de la Vierge vit souvent à l'étroit, dans un espace restreint où tout semble parfaitement bien organisé et délimité. Certes, il s'agit là d'un portrait très schématique du natif de la Vierge, quand, au vrai, un être, quel que soit son signe natal, ne se révèle jamais aussi pur ou caricatural, mais composé de caractéristiques multiples, variées, parfois contradictoires, qui le rendent unique en son genre. À l'opposé donc, le natif ou la native des Poissons déborde largement les limites que le monde extérieur et les conventions lui imposent. Il lui faut l'océan ou l'espace. Il ou elle ne craint jamais de se noyer ni de se perdre, parfois jusqu'à l'inconscience. Sa quête peut ainsi devenir spirituelle ou mystique, quand celle du natif de la Vierge semble plutôt matérialiste d'emblée, bien que son perfectionnisme puisse engendrer chez lui ou chez elle des scrupules qui, à leur tour, l'induisent à rechercher un certain ordre moral non dénué, lui aussi, d'un caractère spirituel.

Incidemment, en soulignant des qualités inhérentes à chacun de ces deux signes, nous devinons comment elles peuvent également constituer des objets d'attraction, voire de sympathie, entre deux êtres dont l'un vit le jour durant le dernier mois de l'été, tandis que l'autre naquit au cours du dernier mois de l'hiver. Par exemple, toujours en schématisant bien sûr, nous observons que la personne native de la Vierge a horreur de l'infini, de la confusion, du désordre.

Fixant d'emblée votre attention SUR L'ARBRE, ***plus que sur la forêt qui l'entoure***, vous finissez par vous ***frustrer vous-même*** de beaucoup de choses.

D'où, parfois, votre nostalgie du signe opposé et complémentaire au vôtre, les Poissons, qui sous-tend une vision panoramique de la vie et du monde.

Ce qui ne l'empêche pas d'en nourrir une certaine nostalgie, du fait qu'elle aspire à se sentir libre et légère, à s'abandonner à ses émotions qu'elle inhibe ou retient souvent en elle. Voilà pourquoi, voilà comment, « la Vierge sage et la Vierge folle » coexistent presque toujours chez tous les natifs et les natives de ce signe. Il suffit de bien étudier le thème astral de n'importe lequel ou laquelle d'entre eux ou d'entre elles pour s'en apercevoir. Il en va de même de l'individu natif des Poissons, car lui aussi se révèle parfois sage ou fou, alternativement ou simultanément.

Le scepticisme et les doutes de la personne native de la Vierge la rendent tantôt sage, raisonnable, calculatrice, méthodique, tantôt folle, débridée, lyrique, critique ou délirante. La grande sensibilité émotionnelle, la soif d'empathie et de fusion qui guident l'individu natif des Poissons, le rendent tantôt sage, inspiré, clairvoyant, profond, tantôt fou, victime de son imagination débridée, de ses rêves, de ses illusions, de ses angoisses qu'il prend pour des prémonitions, de ses passions et de ses émotions qui le submergent ou dans lesquelles il se noie.

Toutefois, il arrive aussi qu'il jouisse d'une imagination inspirée et créative, comme nous pouvons l'observer dans le thème astral de Frédéric Chopin, né le 1er mars 1810 sous le signe des Poissons, avec l'ascendant dans celui de la Vierge. Son thème astral révèle que Mercure, le maître du signe dans lequel se situe l'ascendant, occupe la maison VI, en analogie avec le signe de la Vierge. Ce qui nous laisse supposer que le compositeur et pianiste virtuose franco-polonais devait avoir un esprit méthodique, organisé, pointilleux, perfectionniste – qualités typiques attribuées au natif ou à la native la Vierge –, mais non dénué d'originalité et de désinvolture, car ledit Mercure se trouvait dans le signe du Verseau. Dans le cas de Fréderic Chopin cependant, ce qui nous intéresse surtout, se focalise dans cette espèce d'ambivalence qui se perçoit dans sa musique entre une richesse mélodique, s'apparentant au signe des Poissons, et une retenue d'autre part, une précision quasi obsessionnelle d'harmonies répétitives qui préfigurent toutes nos chansons modernes, avec leurs refrains et leurs gimmicks. Ainsi Frédéric Chopin incarnait-il à lui seul cette nostalgie mutuelle que l'individu natif de la Vierge éprouve pour le signe des Poissons, ou que la personne née sous le signe des Poissons nourrit à l'égard du signe de la Vierge.

VOTRE DESTIN
et votre libre arbitre

Comme nous venons de le voir, la Vierge, votre signe natal, et les Poissons, le signe qui lui fait face dans le zodiaque, se situent sur le même axe. Ainsi, en plus de la nostalgie du signe des Poissons qui vous caractérise plus ou moins, selon votre personnalité, cet axe zodiacal nous permet de découvrir les grandes lignes de votre destin, ainsi que comment et jusqu'où vous pouvez exercer votre libre arbitre.

Votre destin d'homme ou de femme Vierge du premier décan

Dans l'absolu, vous vous comportez tel un chercheur de vérité ou telle une femme aspirant au plus grand dépouillement. Mais dans les faits, vous cultivez une vision pessimiste et fataliste de la vie qui vous frustre de toute appréhension simple et spontanée de la réalité physique et matérielle. C'est ainsi que, en proie au désespoir ou à des angoisses dépressives irrépressibles, vous orientez votre regard et votre esprit vers l'aspect douloureux, éprouvant, triste de la vie des hommes et des femmes qui vous entourent. Vous qui, en certaines circonstances, savez témoigner d'une belle clairvoyance, dès que vous vous trouvez confronté aux problèmes humains, vous faites preuve d'un incroyable manque de lucidité à l'égard de vous-même d'abord, d'autrui ensuite. Ainsi, à force d'envisager le pire le pire peut finir par vous arriver, sans que vous trouviez les ressorts nécessaires en vous-même, ni de bonnes raisons pour lutter.

Comment apprendre à exercer votre libre arbitre

Pourtant, la plupart du temps, il vous suffit d'un simple effort de concentration et d'assimilation, dont vous êtes parfaitement capable, pour acquérir une vision, non pas optimiste de la vie, tout aussi aberrante que votre fatalisme, mais d'abord subjective et précise, ensuite objective et lucide. Pour ce faire, fiez-vous bien moins à la raison qui, paradoxalement, vous incline plutôt à déraisonner, à vous raconter des histoires, à nourrir des idées noires, et beaucoup plus à votre instinct qui baigne dans votre esprit méthodique et organisé. En réfléchissant et en élaborant un plan avant d'agir en effet, vous ne céderez plus à votre désordre moral et affectif, par exemple, qui ne peut que vous rendre pessimiste, ou vous induire à cultiver un complexe d'échec. En revanche, si vous mettez de l'ordre dans vos idées, vos émotions et vos actes, tout vous semblera tout à coup plus simple, plus clair, plus agréable.

Votre destin d'homme ou de femme Vierge du deuxième décan

Sans exagérer, on peut dire de vous que vous êtes la bonté même. En effet, vous semblez toujours disposé à rendre service, à prodiguer aide et assistance à autrui, à vous sacrifier ou à donner le meilleur de vous-même sans compter. Et comme par hasard, votre vie se trouve jalonnée d'événements, de circonstances, d'impondérables qui vous amènent incidemment à vous occuper des autres, à les aider, à les prendre en charge, à les réconforter, à panser leurs plaies, bref, à jouer les bons samaritains. Toutefois, ce faisant, vous vous négligez, oubliant de faire pour vous-même ce qu'il conviendrait que vous fassiez, de vivre votre vie, tout simplement. En vous dévouant corps et âme à autrui en effet, vous vous détournez de vous-même, oubliant vos motivations, vos aspirations, vos désirs, allant même parfois jusqu'à vous priver de toute vie intime et amoureuse…

Comment apprendre à exercer votre libre arbitre

Cependant, si vous réagissez et que vous vous employez à exercer votre libre arbitre, vous pouvez rapidement, parfois même d'une manière spectaculaire, renverser ce processus et transformer votre vie. Curieusement, en ce qui vous concerne, pour y parvenir, il vous suffit d'apprendre à devenir un peu plus égoïste, à vous donner la chance et les moyens de vivre et de vous épanouir, voire de vous abandonner à votre intense et néanmoins subtile sensualité, exprimant par exemple votre raffinement dans l'exercice d'un art, mais aussi et surtout en donnant libre cours à votre soif d'amour mutuel. En agissant de la sorte en effet, vous ne vous rendrez plus victime de votre sentimentalisme, qui compense votre manque d'affection. Ainsi, du jour où vous sortez la tête de l'eau des problèmes d'autrui, tout en demeurant foncièrement bon et généreux ou bonne et généreuse bien sûr, vous vous mettez en situation d'accomplir vos propres motivations.

Votre destin d'homme ou de femme Vierge du troisième décan

Vous aussi, vous témoignez d'une grande bonté d'âme. À cette différence près que vos réactions peuvent se révéler imprévisibles et bouleversantes. En effet, plus orgueilleux ou orgueilleuse qu'il n'y paraît, et donc tout particulièrement susceptible, vous dissimulez mal votre tempérament passionnel. Certes, vous rendez volontiers service, vous faites preuve de gentillesse, empathie et attention, toujours prêt ou prête à comprendre, à pardonner, à tendre la main. Néanmoins, votre magnanimité et votre mansuétude jamais feintes n'excluent pas vos déceptions, pour des détails le plus souvent. Ainsi finissez-vous par vous convaincre qu'on vous exploite, qu'on profite de vous, voire qu'on ne vous aime pas. Votre grande sensibilité retenue ou rentrée vous rend vulnérable, au point que vous vous sentez parfois submergé par vos émotions, aussi bien dans une situation heureuse que douloureuse d'ailleurs. De telles vagues émotionnelles vous font perdre tous vos moyens.

Comment apprendre à exercer votre libre arbitre

Dès lors, pour apprendre à vous maîtriser et à exercer votre libre arbitre, vous devez observer attentivement vos propres mouvements émotionnels apparemment incontrôlables. En effet, vos émotions vous submergent du fait que vous accumulez des tensions, des frustrations, des insatisfactions, résultant de votre manque de volonté ou de courage à dire ce que vous voulez et ne voulez pas. Du jour où vous prenez conscience du processus qui vous rend hyperémotif, vous abandonnez votre vision globale, intuitive certes, mais confuse et incohérente des choses, afin de fixer votre attention sur chaque détail. Ainsi pouvez-vous suivre le fil d'une situation, depuis son commencement jusqu'à son aboutissement, sans jamais le perdre, et sans jamais vous retrouver pris au dépourvu. Votre vision de la vie peut s'en trouver totalement transformée.

Focus sur

VOTRE ASCENDANT

Les informations fournies par la position de l'ascendant dans le thème astral peuvent s'apparenter au moi, à l'ego en langage psychologique, et au paraître, ou, du moins, à l'apparence qu'un être veut bien donner de lui-même. Celles concernant le descendant renseignent sur tout ce qui pousse ou invite l'individu à s'unir, s'associer, tout ce qui lui vient des autres et des circonstances. Ensemble, ils forment le pivot de son caractère. La cuspide ou pointe de la maison I indiquant l'ascendant correspond au point du zodiaque où le Soleil se lève et entreprend son ascension jusqu'à son zénith. La cuspide de la maison VII indiquant le descendant, correspond quant à elle au point du zodiaque où le Soleil se couche et descend vers son nadir.

« Je suis Vierge, ascendant Lion ! »

Qu'est-ce que cela signifie ? La position de l'ascendant se calcule d'après le jour, le mois, l'année, l'heure et le lieu de naissance, tout comme celle du Soleil et de tous les astres qui figurent dans une carte du ciel. Mais si les positions du Soleil et des astres sont indiquées dans les éphémérides au jour le jour, il n'en va pas de même de l'ascendant. Ce dernier coïncide en effet avec l'un des trois cent soixante degrés du zodiaque qui se lève à l'horizon oriental, à l'instant de la naissance. Il se calcule à partir de l'heure et du lieu de naissance. En d'autres termes, il se situe au point précis du zodiaque où le Soleil se lève, s'est levé ou se lèvera, et à l'instant non moins précis où une personne naît, selon le lieu où elle voit le jour.

L'axe ascendant-descendant

Dire « se lève, s'est levé ou se lèvera » signifie qu'une naissance se produit indifféremment de jour comme de nuit, à midi ou à minuit, le matin ou l'après-midi. Ainsi, dans un thème astral, si l'heure du lever du Soleil est :

· la même que l'heure de naissance, l'ascendant se situe au point précis du zodiaque où le Soleil se lève ;

· antérieure à l'heure de naissance, l'ascendant va se placer au point précis du zodiaque où le Soleil s'est levé ;

· postérieure à l'heure de naissance, l'ascendant se trouvera au point précis du zodiaque où le Soleil se lèvera.

Le descendant est le point diamétralement opposé au degré du zodiaque occupé par l'ascendant, à l'horizon occidental, là où le Soleil se couche, s'est couché ou se couchera, selon le cas, là encore. En résumé, le point du zodiaque où se trouve l'ascendant (lever du Soleil), et celui où se situe le descendant (coucher du Soleil) forment un axe qui représente l'horizon dans le zodiaque. Par exemple, l'ascendant d'une personne née au moment précis du lever du Soleil se situe systématiquement, et obligatoirement, dans le même signe du zodiaque que son Soleil natal, tandis que le descendant, bien sûr, se trouve dans le signe opposé. À l'inverse, l'ascendant d'une personne née à l'instant précis du coucher du Soleil occupe nécessairement le signe opposé à celui de son Soleil natal, proche du descendant.

D'où vient l'ascendant ?

Les premiers prêtres et astrologues de Mésopotamie n'établissaient pas de carte du ciel d'après l'heure de naissance d'une personne en particulier. Ces grands ancêtres se préoccupaient rarement de l'individu, en dehors du roi à la destinée de laquelle s'identifiaient volontiers un peuple, ou les habitants d'une cité-État. Beaucoup plus tard, des prêtres chaldéens, contraints d'émigrer en Grèce, ou ayant choisi de s'installer dans ce nouveau foyer de la civilisation, apportèrent leurs remarquables connaissances en mathématiques, en géométrie et en astronomie. L'un d'eux, Bérose, historien et astrologue, s'établit dans l'île de Kós, où il fonda la première école d'astrologie, à la fin du IIIe siècle avant notre ère. C'est sans doute dans un tel contexte culturel et historique que furent appliqués pour la première fois les principes de l'astrologie dite généthliaque, fondée sur la position des astres au moment de la naissance d'un individu. Cette époque marque en effet un tournant dans l'histoire de l'astrologie. Dès cette période, les astrologues adoptèrent et pratiquèrent couramment cette technique. Ainsi, en Grèce, la destinée de l'individu devint une préoccupation majeure, laissant son empreinte indélébile sur l'évolution des mentalités gréco-romaine, gallo-romaine, du Moyen Âge et de la Renaissance.

De l'importance de l'ascendant dans un thème astral

Techniquement et pratiquement, à partir de l'ascendant correspondant à la cuspide de la maison I dans le zodiaque du thème natal, se déclinent les positions des 11 autres maisons. En cela, sa position joue un rôle majeur dans les calculs et le montage du thème astral.

Méditez sur ***les formes d'expression de votre ego***, et demandez-vous comment elles s'intègrent dans ***l'importance*** que vous donnez à VOTRE SENSIBILITÉ, ***à vos sentiments et à la mémoire***.

Mais de plus, sa situation renseigne sur le paraître, l'apparence physique et psychologique d'un être, le visage et l'image qu'il se plaît à montrer de lui-même. Ainsi, le plus souvent, le physique, la forme et les traits du visage, l'allure, et la démarche même peuvent se reconnaître d'après la position de l'ascendant dans le thème astral, à condition, toutefois, de prendre en compte la situation du maître du signe dans lequel se place l'ascendant. Par exemple, pour appréhender la morphopsychologie ou le comportement physique et moral d'une personne dont l'ascendant occupe le signe du Sagittaire, pour se faire une idée de son apparence, il faut tenir compte des caractéristiques fournies par l'ascendant dans ce signe, bien sûr. Mais il faut aussi s'intéresser aux caractéristiques révélées par la position de son maître, Jupiter, dont les significations différeront selon qu'il se trouvera dans le signe des Gémeaux, du Lion, du Scorpion ou de tout autre signe.

Précisions à propos de l'axe ascendant-descendant

Il existe une étroite corrélation entre les informations révélées par la position de l'ascendant dans le thème astral, et les indications fournies par le descendant qui lui fait face. Les unes ne peuvent s'interpréter sans les autres. En effet, les deux signes occupés par les cuspides de cet axe sont forcément opposés et complémentaires. Par exemple, si l'ascendant occupe le signe du Lion, le descendant se trouve obligatoirement dans le signe du Verseau. Dès lors, les qualités mises en avant par l'ascendant en Lion ne prennent tout leur sens qu'en relation avec les caractéristiques révélées par le descendant en Verseau, relativement à elles, et inversement. Suivant cet exemple, le besoin de reconnaissance et d'admiration engendrant parfois une inflation du moi chez l'individu dont l'ascendant se trouve dans le signe du Lion dans son thème astral, ne peut exister chez lui sans des rapports gratifiants avec le monde extérieur. Il aspire à l'union ou à l'association sur les bases d'une admiration réciproque, et d'une liberté mutuelle, toutes informations relevées par le descendant dans le signe du Verseau dans son thème natal. De même, le caractère franc, loyal, et le magnétisme, indiqués par l'ascendant Lion, forcent sans doute la sympathie de l'entourage, et suscitent des relations variées, et dynamiques comme le révèle le descendant Verseau. Une synthèse de ces indications laisse supposer que, chez l'individu en question, une certaine fierté, ou un orgueil affiché, selon le cas, lui interdit toute union ou association durable, mais le pousse plutôt à rechercher des collaborations, à partager des centres d'intérêt avec les autres. Il préférera sûrement l'union libre au mariage.

Être ou paraître ?

Une idée reçue veut que le signe qu'occupe l'ascendant dans le thème astral exerce une « influence » de plus en plus forte, l'âge aidant, sur le caractère, le tempérament et le comportement de l'individu quel qu'il soit. Il s'agit d'une conception totalement erronée. Le Soleil dans le thème astral figure le noyau de la personnalité, la volonté, l'être en soi. L'ascendant représente le moi, l'ego, l'individualisation, le paraître. Certes, il est important que, suivant les étapes formatrices de la vie, l'ego puisse s'affirmer, le caractère se distinguer en s'individualisant, et, ce faisant, imposer son style dans le grand jeu des apparences sociales et relationnelles. Cependant, une certaine dégradation des relations et des valeurs humaines engendre des négligences ou de regrettables omissions. Ainsi, le plus souvent, l'individu, pour toutes sortes de raisons inhérentes à son contexte social, culturel, économique, et psychologique, néglige de franchir ces étapes une à une, ou ignore tout simplement qu'il doit le faire parce que plus personne ne le lui enseigne. Victime ou prisonnier de ses complexes, il se soucie bien plus, bien trop, de son intégration sociale, de préserver ses acquis et de son apparence dès lors qu'il dispose d'un certain confort. Ce faisant, pour peu qu'il s'intéresse de près ou de loin à l'astrologie et à la psychologie, les caractéristiques révélées par l'ascendant lui semblent bien plus appropriées à son mode de vie et à ses préoccupations que celles relatives à son signe natal, autrement dit à la place qu'occupe le Soleil dans son thème astral. Pourtant, suivant l'évolution naturelle de l'être en formation ou en devenir, il va de soi que le paraître peut rendre service à l'être, mais que, dans l'esprit de l'individu, s'il constitue une fin en soi, il finit par voiler sa conscience, par le rendre de plus en plus inconscient. Plongé dans le monde des apparences, et des circonstances extérieures, il se sent peut-être un individu libre, mais il n'exerce aucun libre arbitre.

Vierge ascendant Bélier

Du fait des analogies indéniables se révélant entre des phénomènes célestes et des événements terrestres, à partir desquelles nos ancêtres composèrent le zodiaque, la personne née sous le signe de la Vierge avec l'ascendant dans celui du Bélier semble très fréquemment pourvue de très fortes qualités et caractéristiques relatives à son signe du zodiaque natal. Ainsi se montre-t-elle extrêmement pointilleuse et méthodique dans tout ce qu'elle fait ou entreprend, certes avec enthousiasme, mais un enthousiasme empreint de retenue. De même, elle aime élaborer des projets, mais avant de concrétiser l'un d'eux, elle réfléchit longtemps avant de le sélectionner entre tous. Ensuite, elle agit et travaille avec un étrange mélange de hâte et de méticulosité. Toute sa vie, elle semble partagée, voire déchirée, entre son besoin de sécurité qui la pousse à la possession de biens matériels et une aspiration à se détacher de tout et de tous, qui lui fait peur.

Vierge ascendant Taureau

On ne saurait être plus réaliste, pragmatique, rationnelle que la personne née avec cette configuration. Ainsi, pleinement et sereinement intégrée dans la vie matérielle, et soucieuse de vivre en paix et en sécurité, elle ne fait pas de vague, elle ne prend aucun risque. Elle œuvre et évolue dans un cadre bien limité, remplissant les cases des passages obligés de la vie, une par une, avec soin et sans se presser. Parmi elles, celle de ses amours et de ses affections tient une place de choix. Toutefois, sachant qu'elle s'attache toujours et pour longtemps aux êtres qui font partie de sa vie, sachant d'autre part qu'elle abhorre les changements, et que les désaccords ou les conflits relationnels la bouleversent au plus profond de son être, elle ne peut s'empêcher de refréner ses pulsions amoureuses ou ses élans affectifs. D'où certaines frustrations qui la taraudent à ce sujet, qu'elle compense par l'emprise qu'elle exerce sur les biens matériels.

Vierge ascendant Gémeaux

Bien qu'elle semble pourvue d'un grand pouvoir d'adaptation aux situations les plus variées, sociable et sympathique, il s'agit d'une personne plus encline à vivre tel un chat au foyer, qu'ouverte au monde extérieur. D'une manière ou d'une autre en effet, elle semble vivre toujours sous l'influence de son foyer parental, dont elle reproduit inconsciemment le cadre ou l'atmosphère, inconsciemment le plus souvent. Elle aspire donc à vivre dans des limites bien précises, d'une manière plus dépouillée que franchement confortable, avec si possible une marge de sécurité telle qu'elle ne s'inquiétera jamais du lendemain. Cependant, tôt ou tard, elle finit par se sentir frustrée de vivre ainsi en retrait. Il lui manque en effet cette pointe de fantaisie, d'aventures relationnelles, de contacts divers et variés avec le monde extérieur qui la pousse parfois à tenter des expériences inédites ou insolites...

Vierge ascendant Cancer

À l'instar de Marcel Proust, l'auteur français d'une célèbre suite romanesque, né le 10 juillet 1871, sous le signe du Cancer, cette personne semble passer sa vie « à la recherche du temps perdu ». En effet, consciemment ou inconsciemment, elle aspire à reproduire cette espèce de complicité innocente vécue durant son enfance, avec d'autres enfants de son âge, dont elle garde la nostalgie. De fait, elle bénéficie fréquemment d'un cercle d'amis privilégiés qui tiennent une place de choix dans sa vie, quand par ailleurs, ses contacts dans son milieu social, semblent très restreints et particulièrement sélectifs. Son esprit pratique et méthodique prenant toujours le dessus, elle ne se livre pas beaucoup, préférant l'étude, la réflexion et l'analyse aux relations, voire aux contacts humains. Elle évolue donc aussi dans un cadre de vie très agréable, au sein duquel l'ancien et le moderne se côtoient harmonieusement.

Vierge ascendant Lion

Cette personne se montre certes très chaleureuse et plutôt expansive. Mais il ne faut pas s'y fier. En effet, quoi qu'elle dise, quoi qu'elle fasse, où qu'elle vive, elle se montre toujours très intéressée, beaucoup plus soucieuse d'avoir, de posséder, d'amasser suffisamment de biens pour se sentir en sécurité, que d'être. En conséquence, sa réussite sociale, professionnelle et financière constitue presque le moteur de sa vie. Sans elle, elle se croit dépourvue d'identité. En ce qui la concerne, l'expression « gagner sa vie » prend tout son sens. Dès son plus jeune âge, elle montre une prédisposition au complexe de l'écureuil qui, comme chacun sait, met toujours des noisettes de côté pour l'hiver. Mais attention, elle veut toujours œuvrer dans le sûr, s'engager sur le long terme dans une voie ou une activité qui lui permettra également de briller, voire d'exercer un certain ascendant sur autrui grâce à ses talents de gestionnaire hors pair, entre autres.

Vierge ascendant Vierge

À trop fixer son attention sur tous les détails pratiques de la vie matérielle, la personne deux fois native de la Vierge, si j'ose dire, finit par s'y perdre. Elle finit surtout par aspirer de toutes ses forces à larguer les amarres, à s'évader, à fouler des rivages lointains et inconnus. Le plus souvent, elle passe de la conception à l'acte en se passionnant pour la résolution des énigmes ; quand elle ne s'échafaude pas elle-même, d'une manière obsessionnelle, des problèmes apparemment insolubles dont elle trouve bien sûr les solutions. Ou bien, elle occupe ses loisirs à réaliser des puzzles complexes, interminables. Et dans l'absolu, elle aime bien se compliquer la vie, pour se prouver à elle-même que rien ne lui échappe. Et en effet, elle semble pourvue d'un esprit analytique, très pointu, qui lui confère un don inné pour deviner ou percer à jour la psychologie profonde des êtres, et leurs secrets bien gardés...

Vierge ascendant Balance

Nous nous trouvons là en présence d'une personne aimable, sociable, pleine de charme, toujours prête aux compromis pour plaire à autrui. Ainsi, vue de l'extérieur, rien ne semble pouvoir perturber son équilibre ni l'empêcher de retomber sur ses pieds quoi qu'il arrive. Cependant, malgré la grande plasticité de son caractère et son apparence toujours impeccable et harmonieuse, elle dissimule un jardin secret impénétrable. Au point que parfois, pour tout ce qui concerne sa vie intime, ses sentiments amoureux, ses problèmes personnels dont elle ne semble jamais dupe, elle fait preuve d'un tel mutisme que nul n'en soupçonne rien. D'autant qu'elle sait s'entourer d'un cercle amical et relationnel relativement prestigieux, beaucoup plus axé sur le paraître, que sur l'être. Et qu'elle s'arrange ainsi pour que personne ne s'avise de vouloir sonder son âme et perturber son équilibre.

Vierge ascendant Scorpion

Fouiller la réalité jusqu'aux racines, sans n'omettre aucun détail ni rien laisser au hasard, voilà ce qui motive cette personne qui ne sait ni penser, ni vivre, ni aimer sans passion. Et pourtant, Dieu sait si, *a priori*, elle se montre sélective en amour, préférant s'abstenir de tout sentiment amoureux, que d'aimer n'importe qui, n'importe comment. Sélective certes, mais tenace aussi. Tant et si bien qu'elle aime pour longtemps, voire pour toujours parfois, allant jusqu'à idéaliser l'élu de son cœur ou sublimer sa vie de couple. Et du fait que de telles attitudes ne s'inscrivent guère dans la caractérologie propre au signe de la Vierge, ses relations amoureuses se révèlent souvent tourmentées et passionnées. Parfois, elle doit même y renoncer, au profit d'activités originales, singulières, sortant des sentiers battus, dans lesquelles elle excelle et qui lui apportent de grandes satisfactions.

Vierge ascendant Sagittaire

Avec cette personne, nous entrons de plain-pied au royaume de la folie ordinaire. Une folie en rien dangereuse pour la personne concernée ou pour les personnes de son entourage. Mais une folie quand même qui se traduit par une grande originalité, voire une certaine désinvolture la poussant à la marginalité parfois. Ainsi malgré son caractère réservé qui ne se dément pas, elle se détache volontiers de son intérêt obsessionnel pour les détails. Elle opte dès lors pour un mode de vie relativement instable. Celui-ci l'aide à compenser des tensions psychologiques inconscientes, résultant d'un conflit intérieur entre un fort besoin de se sécuriser et de gagner son indépendance dans un cadre ou un contexte bien précis, d'une part, un vif désir d'élargir son horizon, d'autre part. D'où ses actions ou ses réactions qui peuvent sembler incohérentes, mais qui, pour elles, se révèlent l'exact reflet d'aspirations profondes qu'elle peine à traduire dans les faits.

Vierge ascendant Capricorne

Tout semble confronter la personne native de la Vierge avec l'ascendant Capricorne à un dilemme sinon peu apparent, du moins dont elle ne laisse rien paraître. Celui-ci la pousse à vouloir sortir des limites étroites et nécessaires à la constitution du noyau de sa personnalité. Elle n'y parvient que si elle fait appel aux ressources de son esprit logique et rationnel. Seulement voilà, la raison, plus que la sagesse, lui dicte de ne prendre aucun risque. Le plus souvent, elle trouve un compromis en développant de belles qualités de précision, de patience, de persévérance, des talents d'organisatrice, notamment dans toutes les activités en rapport avec les idées, les travaux intellectuels, la pédagogie, les voyages, les explorations. Elle ne sait pas vraiment innover, mais elle excelle dans l'art de tirer le meilleur parti des éléments dont elle dispose pour bâtir des œuvres ou des structures solides, durables.

Vierge ascendant Verseau

Pour acquérir ou affirmer son indépendance, la personne en question ne recule devant aucun sacrifice. En effet, bien que bénéficiant de solides racines familiales et parentales, elle sait tant et si bien gérer sa vie quotidienne, ses activités, et s'intégrer dans la vie pratique et matérielle, qu'elle acquiert naturellement une situation sécurisante. Dès lors, elle peut se permettre d'adopter une certaine désinvolture, de mener une vie amoureuse et affective légère, quasiment sans attache, et de cultiver des relations amicales sortant de l'ordinaire, ou qui lui ouvrent des horizons nouveaux. Cependant, un tel comportement peut effectivement l'induire tôt ou tard à sacrifier une situation sociale ou professionnelle qui lui paraîtra trop contraignante ou qui ne lui conviendra plus en raison du climat relationnel, passionnel, conflictuel qui y régnera. Il s'agira là pour elle du prix à payer pour préserver son indépendance.

Vierge ascendant Poissons

Chez cette personne, de deux choses l'une : ou bien l'instinct et la raison se combattent en permanence en elle et en toile de fond dans sa vie, ne la laissant jamais en paix, pouvant même engendrer une ambivalence de nature en cela que tantôt elle agit et se comporte avec retenue, tantôt, en proie à de vives émotions, elle ne se contrôle plus. Ou bien elle réussit à trouver un juste milieu entre son besoin de précision, son goût des détails de la vie pratique et matérielle, son esprit analytique, et son moi sensible et émotif qui l'incline à donner une interprétation synthétique, à cultiver une vision panoramique de la vie et des choses. Dans le premier cas, elle se sent toujours tiraillée entre deux attitudes, jouant un peu sur les deux registres de l'instinct et de la raison suivant les circonstances. Dans le second cas en revanche, elle peut témoigner de véritables traits de génie, qui se manifesteront probablement dans le secteur d'activité qu'elle choisira.

Au pied de quel **ARBRE** êtes-vous né ?

À l'instar des Sumériens, des Égyptiens, des Chinois ou de tous les peuples des civilisations anciennes, les Celtes, nos ancêtres européens, eux aussi, observaient les mouvements du ciel. Toutefois, en ces temps reculés, l'Europe, pas encore divisée par des frontières, mais pas encore unie pour autant, se distinguait par ses paysages recouverts de forêts denses. Ainsi, les peuples celtes constituèrent-ils un calendrier des arbres qui présentaient bien des points communs et des ressemblances avec le zodiaque. Chaque individu naissant à telle ou telle période de l'année se voyait ainsi attribuer un arbre tutélaire. Voici pour vous les correspondances entre ce calendrier celtique et le zodiaque, et les informations personnelles que vous pouvez en tirer...

Si le bois respire l'intelligence sous l'écorce, en ce qui vous concerne, il faut aussi savoir dans quelle terre « vierge » vous prenez racine. Découvrez donc votre arbre tutélaire et les qualités complémentaires à celles de votre signe natal, la Vierge, qu'il vous confère et vous révèle selon la période de l'année où vous fêtez votre anniversaire.

Le Cèdre d'été le 23 août

Organisé, méthodique et calculateur ou calculatrice, vous pensez que rien n'arrive jamais par hasard. En conséquence, avec un sens aigu des détails, vous planifiez votre existence en vous efforçant de tout prévoir, de tout préparer très à l'avance. Et pourtant, l'ordre ou le rangement ne semble pas inné chez vous. Mais, d'une certaine manière, vous vous y retrouvez toujours, dans votre désordre. Car si vous aspirez à l'ordre matériel et moral, vous ne vous montrez pas toujours à la hauteur de vos aspirations. En effet, d'un caractère plutôt timide et réservé, vous vous sous-estimez aussi souvent que vous sous-estimez autrui. Ce qui n'exclut pas que vous adoptiez des attitudes scrupuleuses, méticuleuses, exigeantes et critiques vis-à-vis de vous-même comme à l'égard d'autrui. De plus, on ne doit jamais négliger cette part de folie raisonnable qui sommeille en vous et qui vous pousse, parfois, à agir ou à réagir d'une manière inattendue.

Votre art d'aimer

Nul ne sera plus aimé que par vous. D'abord, vous faites tout pour séduire, plaire, placer l'autre sous votre emprise en même temps que vous le gratifiez par votre présence, par l'attention, les bienfaits, les présents dont vous le comblez. Ensuite, vous vous mettez en quatre pour favoriser le confort, le bonheur et le bien-être des êtres chers à votre cœur. Aimant sans compter, vous agissez de telle sorte que vous rendez indispensable, aussi vital que l'air que l'on respire. Un beau jour, si l'on vous aime et si l'on est aimé de vous, on réalise que l'on ne peut plus rien faire sans vous, que vous êtes devenu incontournable. Mais attention ! Car en échange de votre dévouement corps et âme, sans limite, vous attendez de celle ou de celui que vous aimez qu'il ou qu'elle pose sur vous un regard admiratif, reconnaissant, inconditionnel. Possessif ou possessive, jaloux ou jalouse, susceptible, intransigeant ou intransigeante, vous ne pouvez aimer que si vous l'êtes, en retour, à la hauteur de vos mérites. Sinon, vous dévorez tout cru votre compagne ou compagnon, avant qu'elle ou qu'il n'ait pu dire « ouf », à moins que vous vous détourniez d'elle ou de lui sans espoir de retour, oubliant jusqu'à son existence.

Le Pin d'été du 24 août au 2 septembre

Malgré votre caractère agité et combatif, vous semblez toujours en proie à une espèce de problématique intérieure, de conflit intériorisé avec vous-même. Vous donnez l'impression de refuser de vous détendre, encore moins de vous laisser aller. Vous paraissez presque sur la défensive, susceptible et pointilleux ou pointilleuse pour des questions de principe, ou s'il vous apparaît qu'on empiète sur vos préoccupations intimes. Et pourtant, de toute votre âme, vous aspirez à la paix, à la tranquillité, au calme, à vivre en sécurité. Seulement voilà, quelque chose vous pousse à toujours faire plus et mieux, surtout, car vous vous montrez fondamentalement perfectionniste, et donc très exigeant ou exigeante avec vous-même. Votre mental s'agite en permanence, décortiquant la réalité dans ses moindres détails, vous poussant à agir, quand, par ailleurs, vous préféreriez lâcher du lest et vivre au jour le jour. Mais vous vous sentez incapable de faire les choses à moitié ni de vivre d'une manière superficielle, insouciante ou approximative.

Votre art d'aimer

Lorsque vous aimez, vous allez immédiatement aux extrêmes. Vous ne connaissez d'autres sentiments amoureux que ceux alimentés en permanence par les feux de la passion. Vous exagérez, mais vous ne le savez pas ou vous ne voulez pas le savoir, car vous ne pouvez pas aimer autrement qu'en vous aveuglant, en vous embrasant. Et pourtant, contre toute attente, vos amours durent et se prolongent. Elles vous collent à la peau.

Imaginez-vous **allongé**
au pied d'un **cèdre**,
votre arbre ***tutélaire***, et
ENTREZ EN RELATION
avec vos ***racines***...

♍

En coloriant **son tronc**, **ses branches**, **ses feuilles**, *méditez sur les* **effets de votre part de folie raisonnable**, *dans votre vie.*

Imaginez-vous ***allongé*** au pied d'un ***pin***, votre arbre ***tutélaire***, et ENTREZ EN RELATION avec vos ***racines***...

♍

En coloriant l'image de votre arbre tutélaire, demandez-vous ***pourquoi vous ne savez pas faire les choses à moitié*** ni vivre d'une manière superficielle ou insouciante.

Elles vous rongent, parfois, vous obsèdent toujours. Vous vous en nourrissez tout au long de votre vie et vous en faites tout un poème, selon l'expression consacrée. Vous donnez l'impression de vous sentir prêt ou prête à aimer follement, à vous enflammer, mais vous vous retenez, de crainte de vous perdre ou de ne jamais vous en remettre. À la plus petite étincelle, en effet, au moindre signe spontané de complicité ou de connivence, votre tête chavire et vous aimez éperdument.

Le Saule d'été du 3 au 12 septembre

Vous aimez tenter et vivre de multiples expériences et, au fur et à mesure que vous avancez en âge, d'en tirer des leçons précieuses, pour vivre d'autres expériences encore, mais, cette fois, plus intensément. Ainsi, vous ne vivez ni n'accomplissez jamais rien à moitié. Vous vous donnez à fond, tirant la quintessence des circonstances et des événements importants aussi bien qu'anecdotiques, de votre vie. Amoureux ou amoureuse des détails, vous possédez le don de comprendre ce qui échappe à l'entendement, de voir ce que nul autre ne voit, quand, pourtant, tout le monde voit la même chose que vous. Quel que soit votre centre d'intérêt ou votre secteur d'activité, vous vous révélez orfèvre en la matière, esthète pointilleux ou pointilleuse, chercheur ingénieux ou ingénieuse, diplomate aussi, un être serviable, certes, mais dont l'humilité non feinte n'exclut pas une finesse d'esprit et un flair psychologique qui lui confère une grande habileté dans ses relations, du tact et du doigté.

Votre art d'aimer

Indiciblement, sans jamais en parler ni vous en confier à quiconque, vous ressentez l'amour comme le nec plus ultra de la vie. Pourtant, vous faites montre d'un caractère timide, réservé, d'une pudeur extrême parfois, et bien malin qui peut se vanter de deviner ou de connaître la vraie nature et l'intensité de vos sentiments car, le plus souvent, vous n'en laissez rien paraître. Toujours partagé entre une attitude sage, réfléchie dans vos relations amoureuses, et un comportement sentimental provocant et débridé, vous optez souvent pour un juste milieu qui vous fait penser et croire que la sagesse, c'est d'être fou lorsque cela en vaut la peine. Quoi qu'il en soit, vous aimez bien organiser votre vie amoureuse, ne rien laisser au hasard, là encore, pour cultiver des relations privilégiées, bien sûr, mais aussi réconfortantes et singulières. Tout particulièrement dévoué aux autres, sensible à ceux qui souffrent, attentif aux problèmes et difficultés d'autrui, de fait, il vous faut toujours de bonnes raisons, pour aimer.

Le Tilleul d'été du 13 au 22 septembre

Si vous vous distinguez, c'est surtout par votre discrétion. En effet, vous savez vous trouver là sans que nul ne remarque votre présence, laissant les autres à leurs occupations, à leur agitation, ne vous mêlant jamais d'affaires qui ne vous regardent pas. Pourtant, du fait même que vous possédez un vrai don d'observation, un coup d'œil perçant, infaillible, assorti d'une patience exemplaire et d'une prudence incomparable, vous donnez souvent l'impression de tout savoir mieux que personne, d'être au courant de tout avant tout le monde. Vous ne vous vantez jamais de vos découvertes, que vous semblez faire sans effort. Méthodique, organisé, vous savez gérer, administrer, intriguer aussi, lorsque cela s'avère nécessaire ou dans un but bien précis. S'il le faut, vous pouvez feindre, dissimuler, donner le change. Et pourtant, malgré tous ces atouts, ambigus parfois, vous manquez de confiance en vous, en vos possibilités. Vous doutez de vous, des autres et de la vie en général. Votre sens inné des détails, vous empêche d'avoir une vision globale des événements et des circonstances de votre vie.

Imaginez-vous ***allongé***
au pied d'un ***saule***,
votre arbre ***tutélaire***, et
ENTREZ EN RELATION
avec vos ***racines***...

♍

En coloriant **votre arbre de vie**,
méditez **sur les qualités de finesse d'esprit et de flair psychologique**
dont vous pouvez vous prévaloir.

Imaginez-vous ***allongé***
au pied d'un ***tilleul***,
votre arbre ***tutélaire***, et
ENTREZ EN RELATION
avec vos racines...

♍

En coloriant ce bel arbre, demandez-vous ***d'où vous viennent vos doutes et vos questionnements incessants***, quand, par ailleurs, vous savez si bien vivre l'instant présent.

Perfectionniste, pointilleux ou pointilleuse, exigeant ou exigeante vis-à-vis de vous-même comme à l'égard d'autrui, vous engendrez des insatisfactions profondes dont vous pourriez aisément vous passer. Pour y parvenir, débranchez votre machine à calculer, mesurer, classifier, réglementer, et donnez-vous la chance de croire. Donnez de l'ampleur, de la profondeur, à vos idées. Envolez-vous ! Ne doutez plus de rien. Votre accomplissement et votre réussite personnels dépendent entièrement de votre capacité à vivre l'instant présent aussi largement et généreusement que possible.

Votre art d'aimer

En plus d'avoir du charme, une espèce de grâce naturelle et mystérieuse qui ne laisse jamais personne indifférent, mais qui peut aussi agacer parfois, vous avez du chien et même du mordant, en amour du moins. On vous croit dépendant et vous en donnez l'air. Mais ce n'est qu'un jeu pour tromper l'ennemi, comme on dit. En réalité, vous ne dépendez que de vous-même. Vous débordez d'imagination amoureuse et érotique. Vous vous nourrissez de vos angoisses empreintes d'un caractère plus ou moins mystique ou existentiel, et qui stimulent votre fibre poétique, vos fantasmes, vos émotions intenses et passionnelles. Car votre cœur s'emballe au grand galop, tel un raz de marée. Il vous fait perdre la tête. Ainsi, parfois, de crainte d'aller beaucoup trop loin, de ne plus savoir vous contrôler, vous l'enfermez à double tour dans la forteresse inaccessible de vos rêves ou d'un idéal que vous n'atteindrez jamais.

VOS FLEURS
porte-bonheur

Parlez-vous la langue des fleurs ? Probablement, mais vous l'ignorez encore. Il s'agit d'un langage très subtil, sans mot, ce symbole qui nous permet de nommer tout ce qui existe, mais qui englobe rarement tout ce qu'il désigne. Le langage des fleurs se joue sur toutes la gamme des parfums, des couleurs dont les harmonies font écho à nos pensées et à nos sensations. Voir une fleur et respirer son parfum suffisent à la connaître. Connaissez-vous les fleurs en affinité avec votre signe astrologique ? Découvrez-les et portez-vous bonheur !

À chaque période de votre signe, une ***fleur***, et, pour chaque ***fleur***, des ***petits bonheurs*** RIEN QUE POUR VOUS...

♍

Que cette gerbe de ***fleurs épanouies*** vous invite à respirer les ***parfums*** du ***bonheur*** et de la ***chance*** qui vous accompagnent !

Le bouton d'or du 23 au 26 août

Cette jolie fleur aux pétales et pistil jaunes, pourvue d'une longue tige fine de 15 ou 20 cm, tient son nom de sa forme qui évoque celle d'un bouton, tout simplement. Elle pousse abondamment et communément dans les endroits herbeux et secs. La coutume veut qu'à l'instar de la marguerite, on effeuille les cinq ou six pétales du bouton d'or en prononçant les mots fatidiques : « il ou elle m'aime, un peu, beaucoup, à la folie, passionnément, pas du tout… ». D'où son surnom de fleur augurale, autrement dit jouant un rôle d'instrument divinatoire. En plus d'augurer d'un amour plus ou moins heureux, elle symbolise la prospérité, le confort, le bien-être, et en offrir, ou en composer un bouquet, cela revient à formuler un vœu dans ce sens. Mais la plus belle leçon de vie qui s'attache à cette jolie fleur qui, telle une boutonnière, semble s'ouvrir et se fermer sous les caresses des rayons solaires, se résume à cette « parole probante » de la philosophie taoïste : « *Seul celui* (ou seule celle) *qui ne demande rien est capable d'obtenir quelque chose.* »[7].

7 *Des Paroles Probantes*, chapitre XIV du Maître de Huainan (Huainan Zi), *Philosophies taoïstes*, tome II, Gallimard, Paris, 2003.

L'azalée et la jacinthe du 27 août au 2 septembre

L'azalée

Ses belles teintes bicolores pouvant varier du blanc éclatant et pur, au rouge écarlate et brillant, en passant par toutes les nuances ensoleillées du jaune d'or au rose orangé et scintillant, compensent largement son parfum quasiment inexistant. Cette fleur tient son nom d'origine grecque, *azaleos*, qui signifie « desséché » du fait qu'il lui faut une très grande quantité d'eau pour vivre et s'épanouir. En analogie avec son grand besoin d'eau, elle symbolise la soif d'amour, mais surtout la nécessité qu'éprouvent certains êtres d'obtenir de constantes preuves d'amour et d'affection. De même, selon certaines croyances en rapport avec la magie et les faiseurs ou faiseuses de miracle, pour attendrir une personne au cœur sec, il suffirait de planter dans son jardin un arbuste d'azalées aux feuilles ovales, vertes, luisantes.

La jacinthe

Son nom d'origine grecque désignait une pierre précieuse d'un jaune orangé virant au rouge, puis une étoffe de couleur pourpre chez les Romains, enfin la fleur en panache qui apparaît juste au début du printemps, aux couleurs roses, bleues, rouges ou blanches. À son sujet, on évoque une légende mythique grecque mettant en scène Apollon, tuant malencontreusement un jeune Laconien du nom de Huakinthos, Hyacinthe, de son disque lancé avec une grande puissance, mais dévié de sa course initiale par Zéphyr, le vent d'ouest, jaloux des sentiments d'amitié qui les liaient l'un à l'autre. Du sang de ce jeune homme, naquit la fleur que nous connaissons, dont les pétales semblent dessiner les premières lettres grecques de son nom. D'où toute sa symbolique en rapport avec l'amitié et la jalousie, une passion destructrice, qui s'attache à elle. Du fait qu'elle semble l'une de vos fleurs tutélaires, native ou natif de la Vierge de cette période de l'année, cela signifierait-il que vous balancez fréquemment entre des sentiments équilibrés d'amitié et des sentiments amoureux qui vous rendent possessif ou possessive et jaloux ou jalouse ?

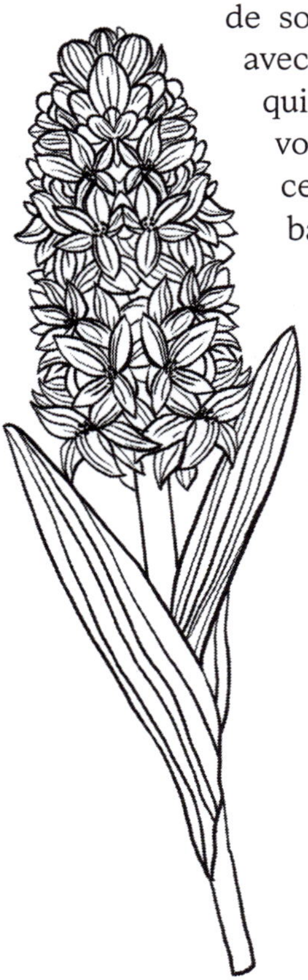

Le crocus et la violette du 3 au 9 septembre

Le crocus

Voici au moins 4 000 ans avant notre présent, les Akkadiens, qui succédèrent aux Sumériens dans l'antique Mésopotamie, nommaient déjà cette belle fleur pourpre *kurkanû*. Les Hébreux, quant à eux, la nommèrent *karköm*. Plus tard, les Grecs l'appelleront *krokos*, qui signifie safran, d'où dérive le *crocus sativus* latin, et qui signifie safran également. Cette belle fleur automnale qui s'ouvre lorsque le Soleil luit dans un ciel pur, mais dont les pétales virant donc du pourpre au jaune, se referment dès qu'il se voile de nuages, figurait en bonne place parmi les herbes médicinales des jardins chinois datant eux aussi d'au moins 4 000 ans avant notre présent. Pour les hommes et les femmes de l'Antiquité du Moyen-Orient, la fleur de crocus symbolisait le détachement, au sens noble de ces termes, bien sûr, résultant donc d'une certaine sagesse, d'une connaissance et d'une expérience spirituelle de la vie. Tandis qu'en Europe, on l'associait au sacrifice et au don de soi ultime et indispensable pour accéder au noyau le plus précieux de son être, probablement parce que pour obtenir un kilo de poudre d'épice de safran, il faut disposer de plus de 120 000 fleurs de crocus.

La violette

La viole, l'instrument de musique, ancêtre du violon, et la violette, partagent sans doute une origine étymologique commune dans le latin *viturali*, qui signifie littéralement « entonner un chant de victoire ». Pourtant, cette petite fleur mauve qui apparaît à l'orée du printemps, et l'annonce encore plus sûrement que l'arrivée des hirondelles, ne présente aucun caractère victorieux ou triomphant. Elle se révèle plutôt discrète et délicate, enfouie dans les premières herbes printanières, dans les prés et les talus. Avec les pétales de violette, on prépare de délicieuses confiseries, et avec ses feuilles, d'agréables eaux de toilette. Mais les bouquets de violettes offrent aussi des symboles très variés. D'emblée, précisons qu'une seule violette évoque l'humilité, la modestie, la simplicité, la pureté, l'innocence, le dépouillement, toutes qualités chères au natif ou à la native de la Vierge. Puis, à un bouquet de violettes mauves ou chamarrées, on attribue des significations différentes. Le premier constitue un gage d'amour partagé, le second un signe de désespoir ou de désillusion.

La digitale pourpre et la pivoine du 10 au 16 septembre

Son nom, d'origine latine, en analogie avec le doigt, signifie « de la grosseur d'un doigt ». En effet, chacune des fleurs en corolles tubuleuses de cette plante aux vertus par ailleurs redoutables, parfois mortelles, ou bienfaisantes, selon l'usage que l'on en fait, rappelle la forme d'un doigt ou d'un dé à coudre. Ainsi, à l'instar du cyclamen, on surnommait la digitale pourpre « gant de Notre-Dame », mais plus fréquemment « gant de bergère ». Les êtres humains, pas toujours pourvus de bons sentiments ni de bonnes intentions, comme chacun sait, usent parfois de subterfuges pour assouvir leurs mauvais penchants. Ainsi, à la digitale, se rattache une longue tradition d'empoisonnements ou, plus exactement, de morts mystérieuses. Toutefois, intéressons-nous plutôt au message bénéfique et protecteur que la digitale pourpre apporte. En effet, son surnom de « gant de Notre-Dame », provient d'une légende chrétienne fort ancienne selon laquelle la Vierge Marie aurait guéri une blessure que Jésus s'était faite au pouce, en transformant une digitale en pansement pour son enfant. Voilà comment les hautes tiges de digitale, parsemées de petites fleurs pourpres, pouvant atteindre deux mètres, attirent les regards et les convoitises de celles et ceux qui veulent du mal à autrui ou, à l'inverse, son bien en favorisant sa guérison en cas de blessure ou de maladie.

La pivoine

Paiônia, son nom d'origine grecque, constitue à lui seul une légende. Il se trouve ainsi à l'origine des croyances et des présages qui s'attachent à cette superbe fleur, rouge le plus souvent, mais aussi blanche ou rose parfois, dont les pétales se dédoublent, dissimulant alors complètement son pistil. En effet, *paiônia* dérive d'un nom grec qui désigne un hymne solennel que l'on chantait en l'honneur d'Apollon. Mais il s'agissait alors de l'Apollon magicien et guérisseur. Tant et si bien que le nom de pivoine que l'on emploie encore aujourd'hui fait sans doute référence aux vertus médicinales de la plante dont la pivoine est la fleur. Dans l'Antiquité, en utilisait ainsi ses fleurs et ses racines, sous forme de décoction, dont les effets bénéfiques calmaient les spasmes, l'hyperémotivité, la tachycardie, la coqueluche et l'épilepsie. Par analogie, nos ancêtres attribuèrent à la pivoine des présages relatifs aux émotions. En réalité, elle cristallise toutes les formes d'émotions. Au Moyen Âge, on voyait en elle une fleur protectrice de tous les maux et de tous les esprits maléfiques, tandis qu'en Chine, depuis le fond des âges, elle symbolise l'honneur, la richesse, mais aussi la vie éternelle promise aux êtres à la vie exemplaire et, en cela, les Chinois l'associent au phénix, l'oiseau symbole d'immortalité. Il s'agit donc d'une fleur riche en présages, à la beauté indéniable, qu'il faut cueillir avec des pincettes cependant. En effet, ses pétales et ses graines sont réputés toxiques.

Le coquelicot et le géranium du 17 au 22 septembre

Le coquelicot

Ses pétales fins, comme chiffonnés, d'un beau rouge écarlate, ne laissent en rien supposer que de ses fruits, on peut extraire de l'opium et de la morphine. Non plus d'ailleurs que son nom chantant, qu'elle tient de l'onomatopée qu'on utilisait pour désigner le chant du coq, *coquerico*, qui devint peu à peu le célèbre *cocorico*, parce que sa forme et sa couleur – *coccum* en latin « couleur écarlate » –, rappellent celles de la crête de cet animal. Ses vertus médicinales pour combattre les troubles du sommeil et soulager des douleurs gastriques étaient réputées chez nos ancêtres les Gaulois, mais aussi chez tous les peuples celtes d'Europe, les Grecs et les Latins. Quant à la fleur elle-même qui, à l'instar du bleuet, se trouve en abondance parmi les blés au temps de la moisson, elle se rattache depuis toujours à l'aspect éphémère de la vie, probablement en raison de sa délicatesse, et du fait qu'elle se fane très rapidement une fois cueillie. Elle figure donc la flamme ou le feu de la passion qui s'éteint vite si on ne l'entretient pas. Ainsi, peut-elle témoigner de notre ardeur amoureuse. Néanmoins, selon une légende mythique grecque, il s'agit aussi de la fleur de la consolation. En effet, pour apaiser les tourments de Déméter, grande déesse Mère de la Terre fertile et des moissons selon les Grecs (présentant évidemment des analogies avec le signe de la Vierge, voir page…), après le kidnapping de Perséphone par Hadès, Hypnos lui offrit des coquelicots qui lui permirent de recouvrer le sommeil et de se consoler de son chagrin. N'oublions pas en effet que le coquelicot s'avère en réalité une espèce de pavot aux vertus hypnotiques ou somnifères…

Le géranium

L'origine étymologique grecque de son nom, *geranos*, qui signifie grue, nous apprend que l'on baptisa cette plante du nom de cet oiseau échassier – qui se distingue en cela qu'il se tient fréquemment debout sur une seule patte, l'autre relevée et repliée le long de son corps –, en raison de sa ressemblance entre la forme de son fruit et celle du bec de la grue. Elle devait donc porter initialement un autre nom, comme de nombreuses fleurs rapportées des colonies africaines aux XVIe et XVIIe siècles, dont notre géranium faisait partie, puisqu'elle semble bien originaire d'Afrique du Sud. Toutefois, il convient de différencier le géranium sauvage, auquel nous faisons allusion ici, d'une autre plante, le pélargonium, une espèce de géranium cultivée, fleurissant couramment dans les jardins et sur les balcons des appartements des villes d'Europe. En dehors de son aspect fort agréable, le géranium rouge ou rose, aux pétales peut-être parfois blancs ou violacés, n'en est pas moins une fleur et une plante fort utiles. En effet, son parfum chasse les insectes : moustiques, guêpes, mouches, frelons, etc. Quant à ses vertus médicinales anti-inflammatoires et diurétiques, les hommes et les femmes les apprécient depuis la plus haute Antiquité. Enfin, symbole de fidélité sans faille, de sentiments profonds et durables, des liens indéfectibles qui unissent deux êtres, le géranium trouve naturellement sa place dans le signe de la Vierge.

Soyez un ANGE

C'est au début du VIe siècle de notre ère que Denys l'Aéropagite, un moine syrien, s'inspirant des croyances des juifs, des chrétiens et des zoroastriens, mais aussi sous l'influence de Plotin et de Platon, deux philosophes grecs, composa une hiérarchie céleste, un monde des anges en neuf degrés. Celle-ci jouera un rôle considérable dans l'élaboration de la pensée chrétienne à l'époque médiévale. Puis, tout au long du Moyen Âge et jusqu'à la Renaissance, les anges prenant de plus en plus d'importance dans le cœur, les croyances et la vie des femmes et des hommes, ils devinrent leurs protecteurs et leurs serviteurs.

La hiérarchie céleste selon Denys l'Aéropagite, se compose de neuf sphères ou chœurs d'anges-génies, et chacune d'elles ou chacun d'eux de neuf anges : les Séraphins, les Chérubins, les Trônes, les Dominations, les Puissances, les Vertus, les Principautés, les Archanges et les Anges. À partir de cette composition, les astrologues et les kabbalistes de la Renaissance, répartirent les 72 anges de la hiérarchie céleste dans les 360 degrés du zodiaque, chaque ange ayant sa demeure dans un demi-décan – soit 5 degrés du zodiaque – d'un signe astrologique, renouant ainsi avec un principe qui était déjà en usage chez les astrologues des XIe et XIIe siècles, très influencés par les astrologues, astronomes et mathématiciens arabes.

Ainsi, d'après votre jour et votre mois de naissance, vous pouvez découvrir quel ange vous guide, vous accompagne et vous protège tout au long de votre vie. L'ange, votre double céleste, n'attend que vous. Il vous donne l'exemple afin que vous deveniez son égal. Faites comme lui : soyez un ange !

L'ange du Savoir du 23 au 27 août

Chaque fois que vous faites appel à votre esprit logique, notamment pour résoudre un problème complexe ou trouver la solution d'une énigme, vous pouvez croire que votre ange protecteur n'est pas loin. Cependant, n'allez pas croire que l'ange se trouve en dehors de vous, quelque part dans le monde extérieur et invisible. Ne doutez pas non plus de sa présence non pas auprès de vous, mais en vous-même. Ceci posé, plus vous cultivez intelligemment votre curiosité intellectuelle, votre goût du savoir, votre intérêt pour les sciences, plus vous exploitez votre ingéniosité et l'attention que vous portez aux détails, aux mécanismes subtils, aux engrenages, plus vous pouvez croire que votre part d'ange se manifeste en vous. Mais vous pouvez aussi la solliciter lorsqu'il vous arrive de vous rendre victime de votre scepticisme, de votre besoin parfois maniaque de tout organiser, de ne rien laisser au hasard de la vie sans lequel tout votre savoir ne se révélerait d'aucune utilité.

L'ange de l'Organisation du 28 août au 1er septembre

Votre sens de l'ordre et de l'organisation, qui constitue une seconde nature chez vous, semble vous tomber du ciel à tout instant. Au point qu'à vous voir tout mettre en ordre, tout prendre en charge, ou faire un peu comme si chaque chose de la vie ou chaque objet devait trouver naturellement sa place, une place dédiée en quelque sorte, que vous seul connaissez, on finit par vous croire investi d'une espèce de pouvoir divin sur la vie matérielle. Vous évoluez avec un tel naturel dans votre espace intime bien organisé, que celui-ci finit par faire corps avec vous. Bien sûr, ce sens quasi inné de l'organisation que vous inspire le bon ange qui veille en vous, sous-tend une contrepartie plus complexe. En effet, vous tentez bien d'organiser de la même façon vos idées, vos sentiments, vos émotions, mais vous n'y réussissez pas aussi bien. Dans ce domaine, votre part d'ange peut se révéler d'un grand secours. Il peut vous aider à comprendre que l'esprit d'analyse ne suffit pas à tout comprendre, et que, en soi, il ne suffit pas de faire entrer dans des cases, de gré ou de force et une fois pour toutes, les bonnes choses d'un côté, et les mauvaises de l'autre, pour que tout aille bien. Sans une conscience aiguë des connexions qui existent entre toutes les composantes de votre personnalité, vous ne réussirez jamais à trouver en vous cette plénitude à laquelle, pourtant, vous aspirez.

L'ange de l'Habileté manuelle du 2 au 7 septembre

Quoi que vous fassiez, quels que soient vos activités ou vos centres d'intérêt, vous témoignez d'une belle habileté manuelle. En conséquence, à des degrés divers, bien sûr, vous semblez doué pour tout ce qui implique non seulement de posséder des compétences de technicien, de spécialiste, d'expert, mais aussi de trouver des solutions originales et immédiates aux problèmes pratiques de la vie matérielle et quotidienne. Et tout cela quasiment sans réfléchir, avec un sens du diagnostic très sûr qui peut faire merveille pour tout ce qui touche à la médecine, aux professions de santé, aux techniques de pointe. Nul doute que, à ce sujet, votre bon ange veille au grain,

Votre ange vous MET SUR LA VOIE d'une ***saine curiosité*** que chacun ou chacune de nous doit ***cultiver***, pour ***apprendre*** et ***comprendre la vie***.

Ainsi, ***ce que vous savez ne doit jamais vous isoler***, mais ***vous rapprocher d'autrui*** en toutes circonstances.

et qu'il vous aide à développer votre intelligence dynamique très ancrée dans le concret. Et quand on connaît les liens subtils existant entre les mains et l'esprit, on comprend mieux comment votre belle dextérité stimule votre curiosité intellectuelle, jusqu'à parfois vous pousser à sortir de vos limites habituelles ou des sentiers battus. Ainsi faites-vous preuve parfois d'une certaine désinvolture, empreinte de réserve et de retenue cependant. Ou alors, contre toute attente, vous témoignez d'un tel esprit de contradiction, qu'il vous arrive de faire le contraire de ce que vous voudriez faire ou de ce que l'on attend de vous, simplement pour vous prouver à vous-même que vous ne dépendez de rien ni de personne. Fort heureusement, la part d'ange en vous vous induit toujours tôt ou tard à ne pas dévier trop longtemps de votre chemin.

L'ange du Dépouillement du 8 au 13 septembre

Chez vous, la part d'ange équivaut curieusement à la part d'austérité de votre personnalité, qui peut vous induire au plus grand dépouillement, mais qui peut également vous rendre très dur avec vous-même et sévère à l'égard d'autrui. En effet, quelque chose en vous (votre ange, probablement), vous pousse à aller à l'essentiel, à ne pas perdre votre temps en vaine considération, à mettre de l'ordre dans vos pensées et dans votre vie, à maîtriser vos émotions, à gérer vos sentiments. Ainsi, en tout et pour tout, faites-vous appel à la raison, tandis que votre esprit pratique, qui réclame des faits, vous pousse à élaborer et à mettre en application une méthode. Tout cela vous confère sinon une forme d'esprit scientifique, du moins imitant celle des hommes et des femmes de science. Tout cela semble bel et bon, à condition que vous ne vous laissiez pas tenter par une forme d'égoïsme qui n'oserait pas dire son nom, et qui finit par vous rendre indifférent à autrui ou au monde extérieur. En conséquence, laissez-vous guider par votre ange qui vous invite à mettre votre lucidité, votre grande faculté de discernement, votre esprit logique et méthodique, et votre caractère sincèrement raisonnable, au service d'autrui. En vous tournant vers les autres et le monde extérieur, vous pourrez dès lors vous dépouiller de manière exemplaire de toutes ces idées, ces habitudes, ces lieux communs qui vous viennent du passé, et qui nous sont devenus inutiles désormais.

L'ange de la Gratitude du 14 au 18 septembre

D'emblée, quelque chose d'inné en vous, vous pousse à remercier le ciel et la terre que vous ne dissociez jamais, des bienfaits qu'ils vous procurent. Non que vous négligiez vos mérites personnels. Cependant, très attaché à vos habitudes, à votre vie domestique, à une certaine routine qui équivaut pour vous à une série de rituels et de passages obligés au quotidien, vous savez discerner mieux que quiconque ce que vous devez à vous-même, de ce que vous devez à la vie. D'où votre besoin d'ordre, d'organisation, de précision parfois minutieuse qui peut toutefois vous frustrer d'une conscience plus large et généreuse de la vie. D'où aussi votre besoin de vous rendre utile et de rendre service, là vous éprouvez quelque difficulté à vous abandonner à vos émotions ou à votre joie de vivre. D'une honnêteté infaillible qui vous rend à la fois susceptible et scrupuleux ou scrupuleuse, vous compensez votre manque de confiance en vous-même par un don d'organisation et une serviabilité à toute épreuve. Nul doute que, ce faisant, vous exprimez votre part d'ange ou le meilleur de vous-même. Et s'il vous arrive de vous dire que vous manquez de générosité, et que vous culpabilisez à ce sujet, vous redoublez de gratitude à l'égard de celles et de ceux qui vous gratifient et qui vous aident, parfois malgré eux, à prendre conscience de votre valeur.

De nos jours, voulant et trouvant normal de TOUT AVOIR, nous nous privons trop souvent ***de remercier le ciel***, ***l'univers***, ***la vie pour ce qu'ils nous donnent***.

♍

Ainsi, votre ange vous aide non seulement ***à vous contenter de ce que vous possédez***, mais il vous ***encourage à la gratitude pour tous les bienfaits que la vie vous procure***.

L'ange de la Préservation du 19 au 22 septembre

L'ange qui veille sur vous ne vous induit pas de quelque manière que ce soit à vous préserver vous-même. Vous le faites naturellement, vous révélant très conscient de vos limites. Vue de l'extérieur, vous pouvez certes donner l'impression d'en sortir ou de les dépasser fréquemment, du fait que vous possédez une rare endurance dans l'effort. En réalité, vous ne faites jamais rien de plus que ce que vous sentez capable de faire. Ainsi, par extension, vous vous efforcez de préserver, de conserver, de garder tout ce qui représente quelque valeur à vos yeux, qu'il s'agisse de biens acquis par vous-même ou hérités, de mœurs, de traditions, voire d'institutions. De même, pour agir avec efficacité, il vous faut toujours un cadre, un contexte, une bonne raison, un objectif précis à atteindre. Sans toutes ces conditions réunies, vous préférez renoncer, du fait que vous manquez de confiance en vous-même pour prendre des initiatives originales et agir de votre propre chef. D'où votre penchant à l'abnégation parfois, voire au renoncement donc, d'autant que vous abhorrez l'acte gratuit, que vous ne faites jamais rien pour rien. Ainsi vous faut-il toujours vous retrouver confronté à des faits tangibles, afin de ne jamais mettre en péril tout ce que votre ange vous dicte indiciblement de préserver et de conserver contre vents et marées.

Suivez votre BONNE ÉTOILE

« Toute personne doit avoir quelque chose qu'elle suive et qui lui serve d'étoile conductrice. Celle qui suit avec conviction le bien et le beau peut se trouver fortifiée par cette parole. »[8]

Voici les interprétations des principales étoiles fixes qui se situent dans votre signe du zodiaque : la Vierge. Selon les sources les plus anciennes de l'astrologie, les indications révélées par ces étoiles constituaient les premières marques du destin d'une femme ou d'un homme, inscrites dans son ciel natal.

8 Richard Wilhelm, *Yi King*, Médicis, Paris, 1973.

Algieba, ou le front (sous-entendu du Lion), du 24 au 29 août inclus

Située en effet dans la constellation du Lion, cette étoile ne s'en trouve pas moins positionnée au début du signe de la Vierge de notre zodiaque. Surnommée *Juba*, « crinière » en latin, en raison une fois encore de la constellation du Lion au sein de laquelle elle brille, elle pourvoit la native ou le natif de la Vierge qu'elle accompagne d'un certain panache et d'une belle certaine prestance. Cependant, cette étoile joue surtout les bonnes fées pour les êtres qui s'intéressent aux sciences, qui témoignent ainsi d'un esprit logique, et dont les raisonnements trouvent des applications pratiques et très utiles. Par ailleurs, celles et ceux qui la suivront, se distingueront par leur intégrité, leur franchise et leur honnêteté.

Merak, ou le bas-ventre du grand ours, du 4 au 7 septembre inclus

Cinquième étoile la plus brillante de la constellation de la Grande Ourse, son nom arabe originel désignait donc le bas-ventre, ou peut-être le sexe de cette grande mère ours qui présente évidemment des analogies avec la déesse Mère, la *Mater* qu'évoque le signe de la Vierge. Quoi qu'il en soit, selon les données établies par l'astrologie arabe, cette bonne étoile guide ou accompagne selon le cas, les êtres nés durant cette période de l'année, en les pourvoyant de courage et d'un caractère bien trempé. De telles qualités les rendent entreprenants et habiles à traduire leurs intentions en actes.

Dubhe, ou le chariot, du 5 au 8 septembre inclus

Son nom arabe reprend celui que les Sumériens de Mésopotamie lui attribuaient déjà voici plus de 4 000 ans avant notre présent : *simbu* qui signifie chariot. Bien sûr, celle étoile accompagne souvent les êtres qui vivent déjà sous l'égide de l'étoile précédente, Merak, offrant ainsi un subtil cocktail de qualités inhérentes à ces deux étoiles. Dubhe, quant à elle, confère aux êtres qu'elle accompagne un bel esprit d'à-propos, voire un esprit critique, caustique, parfois acerbe, mais aussi un caractère inquiet et méfiant, reflet d'un manque de confiance en soi. D'où parfois leur hésitation ou leur incertitude à choisir une voie et à s'y tenir. Ils n'y parviendront que grâce à leur courage dont les pourvoit Merak, l'autre étoile qui préside à leur destinée.

Denebola, ou la queue du lion, du 16 au 20 septembre

Encore une étoile qui se situe dans la constellation du Lion, la deuxième la plus brillante de ladite constellation, mais qui se trouve bien vers la fin du signe de la Vierge, dans notre zodiaque. Selon l'astrologie arabe de qui elle tient son nom, elle confère des qualités très contrastées aux êtres qu'elle guide et accompagne tout au long de leur vie. Tel par exemple un certain courage, non dénué d'un besoin de reconnaissance qui peut rendre les êtres en question orgueilleux et susceptibles. Ou tel un désir d'établir des relations amoureuses durables, mais qui, à la moindre déception ou désillusion, peut engendrer un durcissement de leur caractère, voire une certaine sécheresse de cœur. Ou tel encore un refus du mensonge ou de la dissimulation sous toutes ses formes, ponctué toutefois d'une honnêteté parfois douteuse de leur part…

PAROLES
et pensées éternelles des natifs et natives de la Vierge

Lorsque leur vient l'inspiration, les paroles et les pensées des natives et natifs de la Vierge nous captivent. Vous reconnaîtrez-vous dans leur sagesse ?

« Tout être organisé forme un ensemble, un système unique et clos, dont les parties se correspondent mutuellement, et concourent à la même action définitive par une action réciproque. Aucune de ces parties ne peut changer sans que les autres changent aussi, et par conséquent chacune d'elles prise séparément indique et donne toutes les autres. »

Georges Cuvier, né le 23 août 1769

« Le désespoir est une forme supérieure de la critique. Pour le moment, nous l'appellerons 'bonheur', les mots que vous employez n'étant plus 'les mots' mais une sorte de conduit à travers lequel les analphabètes se font bonne conscience. »

Léo Ferré, né le 24 août 1916

« Tant que vous verrez quelqu'un dans l'antichambre des magistrats et des tribunaux, le gouvernement ne vaut rien. C'est une horreur que l'on soit obligé de demander justice. »

Louis Antoine de Saint-Just, né le 25 août 1767

« On sait très bien que l'on se damne
Mais l'espoir d'aimer en chemin
Nous fait rêver main dans la main
À ce qu'a prédit la Tzigane. »

Guillaume Apollinaire, né le 26 août 1880

« L'homme n'est rien d'autre que la série de ses actes. »

Georg Wilhelm Friedrich Hegel, né le 27 août 1770

« Fie-toi librement à tes sens
Par eux rien de faux ne survient
Si l'esprit est éveillé. »

Johann Wolfgang von Goethe, né le 28 août 1749

« Vieillir, c'est un peu comme escalader une montagne. Vous êtes un peu essoufflé, mais la vue est bien meilleure. »

Ingrid Bergman, née le 29 août 1915

« Combien étrange est la nature de la connaissance. Elle accroche à l'esprit, lorsqu'elle s'en est saisie, comme le lichen au rocher. »

Mary Shelley, née le 30 Août 1797.

« Le grand problème de l'éducation consiste à respecter la personnalité de l'enfant, et à en faire un être libre. »

Maria Montessori, née le 31 août 1870

« L'homme retrouve l'innocence quand il retrouve le sens de la marche et qu'il obéit à la vocation naturelle du mouvement, qui est d'aller et de progresser. »

Vladimir Jankélévitch, né le 31 août 1903

« La sérénité ne peut être atteinte que par un esprit désespéré, et, pour être désespéré, il faut avoir beaucoup vécu et aimer encore le monde. »

Blaise Cendrars, né le 1er septembre 1887

« Il faut vivre comme on pense, sans quoi l'on finira par penser comme on a vécu. »

Paul Bourget, né le 2 septembre 1852

« C'est en allant vers la mer que le fleuve reste fidèle à sa source. »

Jean Jaurès, né le 3 septembre 1859

« Je sais bien que le plus petit élan d'amour vrai nous rapproche beaucoup plus de Dieu que toute la science que nous pouvons avoir de la création et de ses degrés. »

Antonin Artaud, né le 4 septembre 1896

« Les âmes sont masquées sur la scène du monde par leurs passions non moins que par leur corps. »

Tommaso Campanella, né le 5 septembre 1568

« Le grand péché du monde moderne, c'est le refus de l'invisible. »

Julien Green, né le 6 septembre 1900

« Il vaut mieux ne pas réfléchir du tout que de ne pas réfléchir assez. »

Tristan Bernard, né le 7 septembre 1866

« L'amour est le comble de l'esprit. »

Denis de Rougemont, né le 8 septembre 1906

« Je voudrais savoir si l'homme a raison ou pas
Si je dois endosser cette vérité droite
Avec sa manche gauche, avec sa manche droite
Ses pâles oraisons, ses hymnes cramoisis,
Sa passion du futur, sa chronique amnésie. »

Claude Nougaro, né le 9 septembre 1929

« Qu'est-ce que le réalisme ? Ne pas dire à celui qui est monté sur un âne : quel beau cheval vous avez là ! »

Jules Champfleury, né le 10 septembre 1821

« On ne touche pas à une fleur sans déranger une étoile. »

James Thomson, né le 11 septembre 1700

« L'homme est prêt à croire à tout, pourvu qu'on le lui dise avec mystère. Qui veut être cru doit parler bas. »

Malcolm de Chazal, né le 12 septembre 1902

« L'avenir est un paradis d'où, exactement comme de l'autre, personne n'est jamais revenu. »

Pierre Reverdy, né le 13 septembre 1889

« Il ne peut y avoir de réalisme véritable que si l'on fait sa part à l'imagination, si l'on comprend que l'imaginaire est dans le réel, et que nous voyons le réel par lui. »

Michel Butor, né le 14 septembre 1926

« Les hommes ne naissent pas tous égaux, au sens physique ou même moral, à moins que l'on se limite à l'égalité des droits politiques. »

James Fenimore Cooper, né le 15 septembre 1789

« Même lorsque l'acte ne nous ressemble pas, les conséquences, elles, nous ressemblent. »

Félicien Marceau, né le 16 septembre 1913

« Les amis de la vérité sont ceux qui la cherchent et non ceux qui se vantent de l'avoir trouvée. »

Nicolas de Caritat, marquis de Condorcet,
né le 17 septembre 1743

« Toute ma vie, j'ai été un symbole. Je veux devenir un être humain. »

Greta Garbo, née le 18 septembre 1905

« Il y a deux sortes de fous : ceux qui se prennent pour Napoléon, ils ont tort ; et ceux qui trouvent que la vie est horrible, ils ont raison. »

Roger Grenier, né le 19 septembre 1919

« Difficile pour un homme de comprendre une chose si son salaire dépend de ceux qui ne la comprennent pas. »

Upton Sinclair, né le 20 septembre 1878

« Il n'y a qu'une espèce d'hommes qui soit totalement responsable de son propre malheur, celle des hommes qui trouvent la vie morne et ennuyeuse. »

Herbert George Wells, né le 21 septembre 1866

« Il n'y a rien de trop merveilleux pour être vrai. »

Michael Faraday, né le 22 septembre 1791

En coloriant cette
image, ENTREZ dans la
bibliothèque des ***scribes***
d'hier et d'aujourd'hui,
nés sous le signe
de la Vierge comme vous,
et ***imprégnez-vous***
de leurs sagesses...